TARÔ
VIDENTES
DA LUZ

EDITORA

© Publicado originalmente pela Hay House.
© Publicado em 2021 pela Editora Isis.

Tradução e revisão: Karine Simões
Ilustrações: Chris-Anne
Diagramação: Décio Lopes
Projeto gráfico: Nick C. Welch

Dados de Catalogação da Publicação

Chris-Anne

Tarô Videntes da Luz / Chris-Anne | 1ª edição | São Paulo, SP | Editora Isis, 2021.

ISBN: 978-65-5793-010-6

1. Tarô 2. Oráculo 3. Arte divinatória I. Título.

Proibida a reprodução total ou parcial desta obra, de qualquer forma ou por qualquer meio seja eletrônico ou mecânico, inclusive por meio de processos xerográficos, incluindo ainda o uso da internet sem a permissão expressa da Editora Isis, na pessoa de seu editor (Lei nº 9.610, de 19.02.1998).

Direitos exclusivos reservados para Editora Isis.

EDITORA ISIS LTDA
www.editoraisis.com.br
contato@editoraisis.com.br

Uma jornada de
Sombra e Luz

para Sean

SUMÁRIO

Caro Vidente da Luz v

Trabalhando e Curando com o
Tarô Videntes da Luz 1

Os Arcanos Maiores....................17

Os Arcanos Menores 63

    Paus............................63

    Copas 93

    Espadas.......................123

    Pentáculos 153

Sobre Chris-Anne....................182

Agradecimentos 183

CARO VIDENTE DA LUZ,

Quando comecei a produzir o Tarô Videntes da Luz, eu estava determinada a criar um baralho de cura que estivesse alinhado com as experiências espirituais contemporâneas e com o século 21, o que incluiria acrescentar personagens afáveis e de espírito livre que assumiriam a responsabilidade por seu próprio brilho e luz. Eu imaginei um baralho que pudesse guiar intuitivamente à verdade e à descoberta de nossas sombras à medida que elas compartilhassem sua sabedoria conosco.

Meu objetivo era criar um baralho alegre, que me colocasse para cima, mas sem sacrificar a incrível capacidade do tarô de iluminar qualquer significado mais profundo que possa estar escondido sob a superfície. Ele tinha que ser persuasivo o suficiente para me forçar a assumir a responsabilidade por meus pensamentos e ações e ao mesmo tempo me inspirar a fazer o trabalho de cura mais profundo assim que eu estivesse pronta.

O resultado do meu estudo é o baralho que você está segurando em suas mãos, e eu convido você a explorar este mundo de arquétipos tradicionais e excepcionais comigo. É meu desejo que

v

você se aproprie desses personagens e respire um novo significado em seus mundos enquanto trabalha sua magia nas cartas. O tarô pode ser uma ferramenta de cura profunda e, enquanto você explora o caminho de luz solar e sombras do Vidente da Luz, espero que você perceba que a sombra é uma ferramenta profunda, e que a luz é um excelente final de processo. Se você quiser ir mais fundo com suas cartas, eu criei o site www.lightseerstarot.com, onde você poderá encontrar mais materiais para auxiliá-lo em sua jornada de tarô.

Para se conectar com outras pessoas que usam este baralho, use a hashtag #LightSeersTarot para encontrá-las.

#LightSeersTarot

Se eu tivesse um conselho para um novo leitor seria confie na sua capacidade para fazer isso. Você pode. Mas tenho mais um conselho:

Divirta-se.

Amor gigante e magia épica
para você, beijos.

trabalhando

e Curando com o

TARÔ
VIDENTES DA LUZ

Noções básicas de tarô para o tarólogo iniciante

Se esta é sua primeira experiência com o tarô, seja bem-vindo! É uma honra compartilhar esta bela prática com você. Saiba que não existe certo ou errado na maneira de ler as cartas. Algumas pessoas usam as cartas para entender melhor quem elas são e o que querem, outras utilizam as cartas para orientação e para evidenciar alguns aspectos de sua sombra, e há aqueles que usam as cartas de forma preditiva. Cabe a você escolher o modo como você irá usá-las.

Não há necessidade de memorizar cada significado antes de começar a trabalhar com as cartas. Eu criei a arte em cada uma com o objetivo de transmitir uma mensagem clara, com cada personagem sendo um guia sagrado para a sua intuição. Sua primeira impressão da carta será o melhor significado!

Este livro pretende ser uma referência e um recurso, e deverá auxiliá-lo em sua própria conversa com as cartas. Eu sugiro fortemente uma técnica chamada *pathworking* para você se aprofundar (Pathworking é ter uma conversa imaginária com o personagem da carta durante a visualização criativa/meditação). Você ficaria surpreso com as informações que seu sistema de orientação interior trará a você!

Os Arcanos Maiores

A maioria dos baralhos de tarô tem a mesma estrutura básica: 22 cartas dos Arcanos Maiores e 56 cartas dos Arcanos Menores. Os 22 Arcanos Maiores são as grandes armas do tarô. Eles costumam transmitir as "principais" energias, ou abrangerem energias arquetípicas que cercam a vida em eventos importantes, transições ou lições. A jornada dos Arcanos Maiores começa com a carta do Louco, que cai do penhasco para iniciar um ciclo, e termina com a carta do Mundo, quando o ciclo está completo. Se você tirar muitas cartas dos Arcanos Maiores em uma leitura, uma mudança significativa pode estar acontecendo.

Os Arcanos Menores

Os Arcanos Menores são frequentemente vistos como energias que circundam experiências do dia-a-dia e decisões. Tradicionalmente, os Arcanos Menores são divididos em quatro naipes que se alinham com os quatro elementos. O fogo é expressado através do naipe de Paus, que trata de inspiração, criatividade e paixões. A água é sentida através do naipe de Copas, que lida principalmente com emoções, relacionamentos e como nos sentimos. O ar é comunicado através do naipe de Espadas, que ajuda a expressar nossa mente, nossas ideias e como nos comunicamos e pensamos. E a terra é manifestada através do naipe de Pentáculos, que forma mensagens de segurança física, riqueza e saúde. Os ases de cada naipe inauguram a energia elemental, e conforme os números nas cartas aumentam, a energia e as lições se intensificam.

Cada naipe possui um conjunto de "Cartas da Corte": Pajem, Cavaleiro, Rainha e Rei. Estas cartas podem ser as mais difíceis de empregar no tarô. Elas são mensageiras que podem ser vistas como pessoas, energias ou situações. Se uma leitura tiver muitas Cartas da Corte, pode significar que há muitas pessoas ou opiniões afetando a situação. Cada carta tem uma personalidade, e minha maneira favorita de ler as Cartas da Corte é imaginar o personagem se comunicando no meio da leitura.

O tarô pode parecer intimidador quando somos iniciantes, mas a prática diária leva à imperfeita perfeição. Não existem regras definidas, significados pré-estabelecidos ou corpos governantes quando se trata de tarô. É de fato um relacionamento entre você, sua intuição, e as cartas e, como em qualquer ótima relação, a confiança será adquirida com o tempo.

Uma Nota sobre
Cartas Verticais e Invertidas

Alguns leitores usam apenas cartas verticais, pois muitos casos não necessitam de inversões, já que a energia da condição humana está contida nas 78 cartas. Eu acredito que isso seja verdade. Outros, entretanto, preferem fazer leituras com inversões, tendo 156 mensagens para trabalhar.

Uma inversão ocorre quando você escolhe uma carta e a imagem está de cabeça para baixo. Eu escolhi incluir os significados do Vidente de Luz nas cartas verticais, e do Vidente de Sombra nas invertidas como palavras-chave neste guia, mas, claro, cabe a você escolher como interpretá-las.

Existem três principais maneiras pelas quais as pessoas tendem a ler cartas invertidas:

- As inversões podem transmitir os traços mais sombrios ou negativos da energia de uma carta. Na carta do Mago, seu poder de manifesto quando a carta está voltada para cima pode se transformar em manipulação quando a carta está virada de cabeça para baixo.

- Às vezes, as inversões são vistas como o significado oposto àquele da carta vertical.

- Na maioria das vezes, eu escolho ler as inversões como a energia bloqueada ou estagnada em torno da carta porque ela pode expor importantes oportunidades para cura. Haverá vezes em que a carta invertida trará uma mensagem um pouco mais "positiva" do que a vertical, e isso ocorre porque há cartas que são um pouco mais fáceis de trabalhar quando sua energia está bloqueada.

Muitas inversões aparecendo na mesma abertura podem indicar uma estagnação como um todo ou uma mentalidade negativa, ou mesmo que o consultante está temporariamente bloqueado em seu objetivo. Já as cartas invertidas que aparecem individualmente em uma abertura, terão as outras cartas que surgem na leitura como fator decisivo na mensagem a ser destacada. Essas cartas geralmente são um ótimo indicador de como a energia daquela carta deve ser interpretada. Se você não estiver seguro em utilizar as cartas invertidas, eu sugiro começar com as cartas verticais. Comece lendo todas as palavras-chave, assim você saberá rapidamente em quais manter o foco. Confie nos seus instintos. Você consegue.

Conecte-se com suas cartas
Comece escolhendo suas cartas de luz e de sombra.

Antes de começar, tire um tempo para se conectar com suas cartas. Vire cada carta do baralho com a intenção de ver cada uma e sentir sua energia única para se familiarizar com as histórias e os temas do Tarô Videntes da Luz.

Enquanto você observa os diferentes personagens e cenários, tome nota das suas reações viscerais às cartas. A imagem que lhe trouxer mais alegria será sua carta de luz, e a carta que você sentir maior aversão será sua carta de sombra. Sua carta de sombra pode simplesmente ser uma carta do baralho que você não tenha gostado, e não há problema algum nisso, pois é algo que você deve fazer intuitivamente, sem olhar para o guia para decidir quais significados você prefere. Enquanto você estiver explorando as cartas, pergunte-se:

Qual delas me parece mais inspiradora?

Qual delas parece realmente se "ligar" a mim?

Qual ativa um enorme "sim" no meu sistema?

*(Isso ajuda a definir sua **carta de luz**)*

Por qual delas eu me sinto menos atraído?

Qual delas simplesmente me desconecta?

Qual delas me faz sentir mais desconfortável?

*(Isso ajuda a definir sua **carta de sombra**)*

*Vá em frente e escolha
suas duas cartas agora.*

Suas cartas de luz e sombra serão suas aliadas e guias confiáveis para se trabalhar com o Tarô Videntes da Luz, e elas se tornarão suas mensageiras ao longo do caminho. Frequentemente, a carta que você escolher como sua carta de luz irá soar como para onde você está indo, e irá representar quem você quer ser. Considere-a um sinal de aprovação das cartas quando ela aparecer em uma leitura, porque ela será o seu enorme SIM. Esta carta ratifica que você está no caminho certo.

Por outro lado, sua carta de sombra será a que mais despertará sentimentos de desconforto. Muitas vezes, isso ocorre porque ela tem uma lição importante para lhe ensinar. Passe algum tempo com sua carta de sombra, se assim desejar, e encontre seu significado no guia e deixe seu diário de lado.

Que lição a carta tem para mim neste momento?
O que há na carta que dificulta meu caminho?
É o personagem na carta ou a situação em que ele parece estar?
Eles me lembram de alguma época em minha vida ou de uma pessoa do meu passado?

Mais importante, tente discernir como essa carta poderia ter uma influência positiva em sua vida se você fosse capaz de aceitar facilmente a sabedoria encontrada nela. Muitas vezes, aprendemos a lidar com desafios que estamos enfrentando ao encararmos nossas sombras mais obscuras.

Quando você trabalha com o Tarô Videntes da Luz, sua carta de sombra servirá como um lembrete gentil de que algum aspecto da sua situação está sendo bloqueado pela sombra que você criou, e que há uma grande oportunidade para mudar as coisas trabalhando uma mentalidade mais positiva.

Leituras e Aberturas

Existem várias maneiras de se fazer uma leitura, e quanto mais você trabalha com as cartas, mais você encontra seu jeito favorito de embaralhar, tirar e interpretar. Normalmente você irá utilizar as cartas para descobrir algo sobre: um projeto, um relacionamento ou uma ideia.

Decida com antecedência o tipo de "abertura" que você irá usar para coletar informações de suas cartas. Você pretende escolher uma carta? Ou mais de uma? Como você colocará as cartas na mesa? (Obs.: Existem algumas sugestões de aberturas nas páginas seguintes!)

1. Medite sobre a situação ou pergunta

2. Embaralhe as cartas da maneira que desejar

3. Escolha sua(s) carta(s)

4. Leia sua carta

Quando estiver pronto, vire a carta e lide com o significado. Eu sugiro passar algum tempo olhando as imagens antes de pular para o guia. As respostas que surgirem a partir de sua intuição sempre oferecerão maior clareza. Aqui estão algumas perguntas que o ajudarão a se sintonizar com suas próprias interpretações:

- O que a carta me faz pensar?
- Como eu me sinto com a carta?

- Ela me lembra de alguma situação específica?
- O personagem parece ter qualidades que me lembram alguém?
- Como o personagem, o cenário ou a lição na carta poderiam me ajudar a entender melhor minha situação atual?
- Se elas pudessem dar conselhos a mim, quais seriam?

Depois de você anotar suas interpretações intuitivas, vá para o guia para ver se há algo mais que você poderá aprender com a carta.

5. Diário para a vitória

Para aprofundar sua leitura, anote diariamente suas experiências com a carta. Quando você fizer uma leitura, algo nas cartas chamará sua atenção. Pode ser algo simples como a hora do dia ou o tipo de paisagem que o cenário retrata. Pode ser uma emoção, um item, ou um par de sapatos na carta que o lembra alguém. Esses pequenos detalhes nas cartas permitem que você conecte seu conhecimento interior com a mensagem que a carta transmite sobre sua situação. E é nesta conexão, em sua própria interpretação da mensagem, que a mágica acontece.

TIRAGEM DIÁRIA DE LUZ

1. MENSAGEM DIÁRIA DE LUZ (Tire uma carta e coloque-a da forma que vier, na vertical ou invertida.)
   Que mensagem de luz você tem para mim hoje?

ABERTURA DE LUZ E SOMBRA

Eu quero apresentar a você uma técnica de luz e sombra que o fará colocar cartas verticais e invertidas (Vidência de Luz e Vidência de Sombra) na mesa de propósito.

1. VIDÊNCIA DE LUZ (Coloque a carta na posição de Vidência de Luz.)
   Onde está a maior oportunidade de iluminar esta situação?

2. VIDÊNCIA DE SOMBRA (Coloque a carta na posição de Vidência de Sombra.)
   Onde está a maior oportunidade de curar a sombra nesta situação?

Claro, você pode escolher colocar as cartas conforme você as tira do baralho também. Eu sei que isso não é ortodoxo, mas acredito que, quando forçamos inversões e verticalizações, mensagens mais curativas aparecem.

ABERTURA DE ILUMINAÇÃO DO TRABALHADOR DA LUZ

1. ATERRAMENTO
(Coloque a carta na mesa da forma que ela foi tirada do baralho.)
Onde estou agora?

2. VIDÊNCIA DE SOMBRA
(Coloque a carta na posição de Vidência de Sombra.)
Quais sombras precisam ser clareadas antes da situação ser resolvida?

3. ILUMINAÇÃO
(Coloque a carta na posição de Vidência de Luz.)
Esta carta representa a energia necessária para o melhor resultado possível.

ABERTURA PARA CONVOCAR O AMOR

1. RECONHECENDO
   O AMOR
   (Coloque a carta na posição
   de Vidência de Luz.)
   Quais qualidades meu
   futuro parceiro terá?

2. BUSCANDO LUZ
   (Coloque a carta na posição
   de Vidência de Luz.)
   Onde eu posso procurá-lo?
   Quem ele irá me lembrar?

3. BLOQUEANDO O AMOR
   (Coloque a carta na posição
   de Vidência de Sombra.)
   Que aspecto sombrio meu está bloqueando
   essa união?

4. ATRAINDO O AMOR
   (Coloque a carta na posição
   de Vidência de Luz.)
   Que qualidades possuo para
   atrair meu parceiro?

ABERTURA DA ALEGRIA DA ALMA

1. DOAÇÃO
(Coloque a carta na posição de Vidência de Luz.)
O que posso dar para o mundo?

2. ILUMINAÇÃO
(Coloque a carta na posição de Vidência de Sombra.)
O que posso iluminar para os outros?

3. LIÇÕES DE ALEGRIA
(Coloque a carta na mesa da forma que ela foi tirada do baralho.)
Onde minhas lições de alegria podem ser descobertas?

Os Arcanos Maiores

O.
O LOUCO

VIDÊNCIA DE LUZ: novos começos, potencialidade, aventuras, despertar, entusiasmo, inocência, otimismo

VIDÊNCIA DE SOMBRA: ingenuidade, presunção em relação às respostas, inconsequência ou escolhas impulsivas, falta de experiência, paralisia analítica, tolice

Todo sonho realizado começa com a ideia aparentemente "tola" de que há algo maior e melhor lá fora esperando por você. Este otimismo infantil vem de uma sabedoria interna que o lembra que você pode alcançar todas as coisas mágicas que você tem sonhado. A jornada da alma começa com uma única etapa, e você pode se encontrar à beira de uma jornada épica. Volte-se para o seu futuro com entusiasmo e saiba que um salto divino de fé é necessário para reivindicar a recompensa que o abismo está lhe oferecendo. Pode ser que você não se sinta pronto, e talvez não esteja mesmo, mas existe magia no ar, e o Universo está esperando para apoiá-lo com amor infinito e orientação. Confie na sua intuição enquanto você mergulha de cabeça em seu potencial.

Estou pronto para essa aventura para o caminho da alma.

I.
O MAGO

VIDÊNCIA DE LUZ: habilidade, talentos naturais, poderes de manifestação, criatividade, desenvoltura

VIDÊNCIA DE SOMBRA: potencial não utilizado, talentos latentes, intenções questionáveis, manipulação, egoísmo, falta de foco ou energia criativa bloqueada

    O Mago traz uma poderosa mensagem de criação e potencial: você tem magia. Você tem tudo que precisa para ter sucesso. Energia manifestando do Cosmos? Todas as habilidades de que você precisa? Tudo isso está ao seu alcance! Belo criador, vá criar! Ative a magia em suas veias concentrando sua energia, força de vontade, desejo e ações. Quando você conscientemente entrar em seu poder pessoal e decidir moldar o mundo material à sua maneira, cada inspiração (e cada expiração) será uma oportunidade de esculpir novos significados e novas perspectivas para a realidade. Se você estiver inseguro de sua habilidade para criar a vida que você deseja, confie no potencial latente que reside dentro de você. Ao se sentir menos inspirado, você pode se lembrar de que é hora de encontrar sua voz. Encontre sua centelha. Encontre o seu porquê. Tendo tudo que você precisa bem à sua frente como um caldeirão gigante do Universo, o que você desejaria manifestar em sua vida? E o que você pode fazer hoje que o fará estar um passo à frente desta realidade?

Eu posso manifestar a vida que desejo através de energia e ação.

2.
A SACERDOTISA

VIDÊNCIA DE LUZ: sonhos, visões poderosas, percepções psíquicas, serendipidade, meditação, introspecção, intuição, experiência espiritual

VIDÊNCIA DE SOMBRA: segredos ocultos, fofocas ou inverdades, compromissos ocultos, medo de habilidades intuitivas, negação de sua voz interior

A Sacerdotisa governa a fronteira entre este reino e o próximo enquanto retira a venda para encontrar sentido e iluminação. Visões sagradas e sabedoria profunda estão fluindo para você agora e, para acessá-las, você deve sintonizar com sua intuição e mergulhar em pensamentos até alcançar o reino subconsciente em que ela se encontra. A linguagem do inconsciente está se revelando para você agora através da metáfora, por meio dos sonhos, ou das memórias antigas que ressurgem para serem processadas. Preste atenção à sincronicidade: como um sentimento persistente de insucesso paralelo a sentimentos viscerais que o movem em uma nova direção. Os dizeres divinos que estão emanando de sua alma carregam uma mensagem importante para você, e a ponte entre o reino enigmático da Sacerdotisa e sua compreensão consciente dos sinais será encontrada através de sua introspecção silenciosa.

Eu tenho as respostas
que eu procuro,
basta seguir a verdade
para encontrá-las.

3. A IMPERATRIZ

VIDÊNCIA DE LUZ: divino feminino, criatividade prolífica, fertilidade, maternidade, unidade, a Deusa, sensualidade, nutrição, abundância, empatia, amor incondicional, unificação de mente, corpo e espírito

VIDÊNCIA DE SOMBRA: infertilidade, opressão emocional, desligamento, necessidade por autocuidado, desarmonia, negligência, materialismo, superproteção com as próprias criações, dependência excessiva

Esta Imperatriz de Gaia irradia energia fértil, resultados positivos e amor incondicional. Esta energia criativa e florescente emana da terra, por isso traga seus sonhos dos reinos etéreos e aterre-os. Compartilhe-os. Dê eles à luz. A abundância generosa da Imperatriz está sempre disponível para você, e ela o lembra de procurar sua beleza regenerativa em todos os lugares.

Você está entrando em um momento de profunda cura e bênçãos, e se você estiver sentindo qualquer falta de inspiração ou possibilidades, procure curar seu templo físico e alimentar a sua alma, incorporando a ela essência criativa reluzente. Continue a se mover calma e graciosamente na direção daquilo que diz "sim". Esta carta frequentemente afirma que você está no caminho certo, então continue crescendo, belo vidente, e trabalhe com a natureza da sua situação, em vez de ir contra ela.

Estou pronto para dar à luz meu futuro de riqueza abundante.

4.
O IMPERADOR

VIDÊNCIA DE LUZ: divino masculino, autoridade, poder, liderança nata, estrutura, pensamento estratégico e analítico, ação, promoção

VIDÊNCIA DE SOMBRA: poder imprevisível, pragmatismo e rigidez em excesso, corrupção, egoísmo, defensividade, desejo de controle, teimosia

A mensagem do Imperador é sobre ambições encontradas e sucesso. Frequentemente vista como a carta do divino masculino, o Imperador traz o desejo de construir um mundo melhor, tijolo por tijolo. Use sua mente, bem como seu coração, e suba ao poder enquanto você lidera sua própria evolução. Tornar-se seu próprio Imperador significa possibilidade infinita de sucesso, mas também avaliar quaisquer problemas que você carrega com relação à autoridade, controle e força de vontade. Você pode precisar trabalhar sua magia dentro dos limites do "estabelecimento", mas lembre-se de que os princípios de organização das sociedades fluem ao longo do tempo. Permaneça flexível e profundamente ciente de seus próprios limites energéticos e motivações. Encontre oportunidades para servir aos outros enquanto você constrói seu império. Entre nesta energia ígnea de sucesso e ascensão, doce vidente da luz! Incorpore confiança, liderança compassiva e exerça soberania sobre sua própria realidade. O mundo é seu.

Eu lidero as circunstâncias em meu mundo com confiança, harmonia, e generosidade.

5.
O HIEROFANTE

VIDÊNCIA DE LUZ: tradição, lição, líder espiritual ou guia, iluminação, despertar, servidão ao espírito, educação formal ou treinamento, novos paradigmas

VIDÊNCIA DE SOMBRA: sistemas ou formas de pensar ultrapassadas, dogma, rebelião contra as normas sociais, abuso de poder, estagnação, liderança baseada no ego, necessidade de se conectar com o Espírito

Enquanto busca por sua verdade divina, você cria estruturas de crença que o ajudam a expandir sua consciência e a alicerçar sua fé nesta realidade. Se você estiver preso a uma velha tradição ou forma estruturada de ser ou agir que não esteja mais servindo para você, é hora de dar um basta e abrir espaço para uma melhor versão de si. O Hierofante serve como um portal entre a Fonte Divina e o buscador, então esteja aberto a novos paradigmas, perspectivas e aos professores em sua vida. Olhe para os padrões ao seu redor e se esforce para entender sua própria bússola interna. Saiba que, embora haja sabedoria nos ensinamentos dos místicos, a voz de seu próprio coração é a voz que mais importa. Encontre a sabedoria dos céus dentro de você.

Eu sou meu próprio guru, e a orientação que necessito está enraizada na minha fé, nas minhas crenças e na minha única essência.

6.
OS AMANTES

VIDÊNCIA DE LUZ: escolha, dualidades, harmonia, um amante ou um relacionamento romântico, amizade, união, escolher permitir-se se apaixonar, limites saudáveis, almas gêmeas

VIDÊNCIA DE SOMBRA: quebra na comunicação, desarmonia, necessidade de encontrar o amor próprio, entrega do poder em um relacionamento, perda de si, muitas expectativas com relação aos outros, manipulação, uma parceria desequilibrada, codependência

Um magnetismo mágico está chegando em sua vida. Você está sentado na cúspide de um tipo de conexão profunda que acontece quando duas almas estão entrelaçadas e seu emaranhamento marca para sempre seus caminhos individuais. Geralmente, esta carta significa que uma escolha importante precisa ser feita. Você vai abraçar a energia espiralar que se desenrola entre duas pessoas que estão começando a se conectar, e escolher mudar para este relacionamento, ou não? Confiar profundamente será necessário para se criar um vínculo duradouro e um crescimento em torno da vulnerabilidade, da honestidade, do desejo e da intimidade. Você está sendo convocado à luz para ser curado. Embora as parcerias sejam belos presentes pelo caminho, você também deve procurar dar sem enfraquecer sua determinação de permanecer completo. Lembre-se de que o amor próprio é a chave para equilibrar a dualidade de qualquer relacionamento.

Meu coração está aberto a relacionamentos significativos e eu me expando para esta união com amorosa confiança.

7.
O CARRO

VIDÊNCIA DE LUZ: vitória, velocidade e ação, determinação, aproveitamento e união de energias opostas, sucesso, viagem, confiança, força de vontade, controle

VIDÊNCIA DE SOMBRA: falta de foco energético, falta de autodisciplina, ir na direção errada, tendência a passar por cima das necessidades dos outros

O Universo nos presenteia constantemente com a oportunidade de nos tornarmos a pessoa que queremos ser. Este é um momento mágico para se tomar uma atitude inspirada! Vá em frente com força de vontade e determinação, porque você vai conseguir chegar lá. Lembre-se: inação é o mesmo que decidir ficar parado. O Carro o lembra que, enquanto estiver indo em direção ao seu objetivo, você precisa tomar decisões sobre o melhor caminho a se seguir. Se você se sentir tentado a tomar duas direções diferentes, saiba que você será capaz de manipular ambas as energias em direção ao mesmo alvo. Avançar sem prestar atenção em seu caminho pode às vezes ser prejudicial para aqueles em seu despertar, então tome cuidado para não pisar nos outros em sua trajetória ao topo da montanha. Escolha aquilo que você realmente deseja... concentre seus esforços e mova-se rapidamente. Se você não tem certeza de que direção escolher, então é hora de fazer alguns planos, alinhar metas e despertar sonhos!!

Eu escolho quem eu estou me tornando e corro em direção a isso com convicção e consistente moção.

8.
A FORÇA

VIDÊNCIA DE LUZ: coragem, calma, modéstia, influência, liderança graciosa, curador talentoso, pureza de pensamento e coração, assuntos espirituais, compaixão, às vezes luxúria ou instinto animal

VIDÊNCIA DE SOMBRA: bloqueio pelo medo, duvidar de si, um lembrete para não ser guiado pela parte reptiliana de seu cérebro, necessidade de exercer autocontrole, impulsos autodestrutivos

Seja corajoso, doce vidente. Personifique corajosamente sua luz e brilho na face do perigo ou da incerteza. Tenha paciência e serenidade feroz enquanto exerce sua graciosa influência para um bem maior. Há uma grande fortaleza em seu coração calmo, e um comportamento gentil não será confundido com fraqueza quando você compartilhar seu dom de amor implacável com o mundo. Permita que a confiança e a compostura guiem você em direção aos seus desejos sem o uso de força excessiva ou agressão. Consciência atenta será muito mais útil do que controle rígido agora. Esta carta o lembra de se manter firme em suas crenças e desejos, e permanecer equilibrado no momento em que trouxer compaixão pela sua situação atual. Você é poderoso, e sua pureza de coração será um sinal de força e inspiração para aqueles ao seu redor.

Eu deliberadamente
levo minha compaixão
e força adiante,
usando-as para o bem.

9.
O ERMITÃO

VIDÊNCIA DE LUZ: reflexão interna, meditação, contemplação, busca da alma, sabedoria interior, mentor espiritual, encontro com seu guia dentro, tirar um tempo do caos de uma vida agitada, "eremitar"

VIDÊNCIA DE SOMBRA: retirar-se da sociedade, isolamento, solidão, eterna busca pela cura, sentir-se desajustado

É hora de abrir espaço para sua solidão sagrada e autocuidado. Se você estiver se sentindo desconectado do seu norte espiritual, este momento de retiro solitário irá ajudá-lo a se conectar com sua própria bússola. Propósito da alma, despertar espiritual e profunda sabedoria interior brotarão dessa energia. Às vezes, corremos o risco de sermos tão introspectivos que perdemos nossas conexões com os outros, ou pior, mergulhamos tão profundamente em nossas histórias de luta que inadvertidamente começamos a acreditar que nossas feridas farão parte de nossa identidade para sempre. Em meio às trincheiras mais profundas da autodescoberta, devemos nos lembrar de que nossa busca contínua por cura e verdade interior não implica que estejamos incompletos e não curados. Saia do seu retiro interior com belas percepções do Espírito e permita-se explorar seu caminho com o coração brilhantemente iluminado.

Sabedoria interior.
Mentor interior.
Guia interior.
Mostre-me minha luz
mais brilhante para que
eu possa enxergar com
todo meu coração.

10.
A RODA

VIDÊNCIA DE LUZ: mudanças, fado, destino, golpe de sorte, percorrer lições cármicas, o caos da criação, um momento decisivo, serendipidade

VIDÊNCIA DE SOMBRA: infortúnio, carma, necessidade de abrir mão do controle, altos e baixos da vida, inevitabilidade de mudança, um revés inesperado

Prepare-se, doce alma, pois a roda está prestes a lhe dar bênçãos divinas! A sincronicidade está acontecendo, então procure por novas oportunidades que sejam maravilhosas para impulsionar sua vida. Esteja preparado para encontros fortuitos ou uma bifurcação no caminho que mudará tudo para melhor. Se você estiver disposto a reconhecer oportunidades, essa é a sua deixa. Basta seguir as migalhas de pão da serendipidade e o destino em direção ao seu final feliz! Lembre-se de que a roda está sempre girando e que as coisas nunca são como eram antes. Aprenda a apreciar essa regeneração constante, e saiba que cada giro nos dá a chance de iniciarmos um novo ciclo em direção à nossa própria expansão e iluminação. Tentar controlar o resultado da Roda da Fortuna seria impossível, então nem tente. Agarre seus dados da sorte, e veja o giro da roda pelo que ele realmente é: toda a beleza de uma vida de experiências esperando para surgirem e serem vividas.

Eu permito que as energias transmutadoras do destino me ajudem a expandir minha experiência.

II.
A JUSTIÇA

VIDÊNCIA DE LUZ: direito natural, equilíbrio, carma, verdade, sabedoria, questões legais, justiça, causa e efeito, integridade, objetividade, perspectiva, responsabilidade

VIDÊNCIA DE SOMBRA: consequências, retribuição, carma, injustiça e iniquidade, desonestidade, desequilíbrio, necessidade de assumir a responsabilidade por suas ações passadas

A Justiça pede que você aprenda com suas experiências passadas: as boas, as más e as vergonhosas. Pegue tudo isso e cresça a partir delas. Esta energia não é sobre perfeição, mas sobre justiça e honestidade. Ela destaca a clareza de motivação e a intenção, e pede para que você seja realista sobre as causas e as consequências de seus pensamentos e ações. Procure equilibrar seu crescimento com positividade e sombra, e aprenda com as muitas diferentes partes de você. Em sua situação atual, seja imparcial enquanto você reformula sua realidade e trabalha para remover qualquer carga de emoção negativa da equação. Se o medo estiver fazendo você agir de uma forma da qual não se orgulhe, procure ter uma variedade de perspectivas antes de julgar as ações de outra pessoa em "boas" ou "más." O único caminho verdadeiro à sua frente não necessariamente é aquele preto ou branco, mas é sempre aquele em que há amor.

Meu carma positivo é deliciosamente amoroso e pode ser o mais motivacional dos professores.

12.
O ENFORCADO

VIDÊNCIA DE LUZ: render-se à vontade do Cosmos, uma pausa intencional, reflexão, deixar rolar, abraçar o novo, realinhar-se com o seu coração e propósito, nova sabedoria encontrada, ensinamentos espirituais, sacrifício, iluminação

VIDÊNCIA DE SOMBRA: estagnação, autossabotagem, segurar-se em algo que não é para você, teimosia, tendência para ser um mártir

Deixe fluir. A sabedoria divina transborda em momentos de fluxo profundo, e o Enforcado está oferecendo a você a chance de olhar para algo de uma perspectiva completamente diferente. Quando você solta aquilo que o faz se sentir preso, você abre espaço para novos entendimentos e para as vantagens de mudar de posição. Abra seu coração para o plano superior, e você inadvertidamente terá uma nova estrutura para ver o mundo. Saiba que seu caminho, e seu sonho, podem parecer estranhos para você depois de renunciar à necessidade de direcionar os resultados. Entregue-se à vontade do Cosmos e realinhe sua vida com seus padrões sagrados. O Universo já sabe qual lição transformadora é a chave para a sua felicidade e o seu Eu Superior tem muita sabedoria para passar quando você estiver disposto a fazer pausa intencional para ouvi-lo.

Eu mergulho em meu mundo interior de milagres ilimitados, rendendo-me à vontade divina do Cosmos.

13.
A MORTE ∞ RENASCIMENTO

VIDÊNCIA DE LUZ: ciclos de transformação, renascimento, transição, mudança, novas crenças, consciência recém-descoberta, encerramentos, morte simbólica, processo de iniciação

VIDÊNCIA DE SOMBRA: agarrar-se ao passado, medo de mudança, apegos sentimentais, forças de destruição, mortalidade, falta de esperança, perda e luto

Você está à beira de uma enorme transformação, e é hora de lamentar o fim de uma fase enquanto celebra o nascimento de outra. Esta energia de transmutação e renascimento sinalizam uma bela metamorfose que permitirá que você expanda sua consciência e se aproxime da sua essência divina. Um ciclo em sua vida (um relacionamento, uma crença, um plano de carreira ou um plano desatualizado para o futuro) está chegando a um fim inevitável. Respire fundo se isso assustar você, doce luz! Essa mudança é necessária! Saiba que esta carta exorta você a liberar o que já está perdendo energia e a focar em coisas que já estão ganhando impulso. Receba a possibilidade de algo novo e permita que esta fase chegue a um final gracioso. Olhe para a magia deste horizonte recém-descoberto, porque por baixo de seu exterior mórbido, a carta da Morte carrega a mensagem de tempos emocionantes carregados do brilho de um enorme potencial! Uma nova luz o aguarda.

Eu me permito deixar o passado para trás para que haja energia para novos começos.

14.
A TEMPERANÇA

VIDÊNCIA DE LUZ: alquimia, mistura de energias, harmonia, moderação, equilíbrio masculino e feminino, dualidade e amalgamação, fluidez do tempo, meditação, movimento perpétuo da vida, neutralidade, restrição, paciência, propósito

VIDÊNCIA DE SOMBRA: conflito de interesses, óleo e água, extremos, desarmonia, necessidade de praticar moderação em algum aspecto da sua vida, severidade, polaridade, impaciência

A Temperança é a alquimista da vida e o chama para criar sua combinação de propósito combinando moderação e paciência como ingredientes. Onde você está focando sua energia preciosa agora? Você tem exagerado na sua vida social? Você está assistindo televisão, bebendo ou comendo excessivamente? O foco em um relacionamento está esgotando mais energia do que reabastecendo? Você está sendo totalmente materialista vs. totalmente espiritual? Vivemos em um mundo de paixões extremas e agitação acalorada, então diminuir o desejo em excesso em qualquer área da sua vida pode ser mais difícil do que você pensa. Não faça algo drástico agora. Fique longe de escolhas do tipo "tudo ou nada". Limpando sua energia de extremos, você irá promover um fluxo dinâmico e nutritivo que estará alinhado com o seu propósito alquímico perfeito. Busque o equilíbrio e esteja atento aos seus recursos enquanto une todos os elementos para alcançar um belo equilíbrio.

Eu exercito o Caminho do Meio e alimento minha integridade espiritual.

15.
O DIABO

VIDÊNCIA DE LUZ: vícios, controle do vício, necessidade de libertação, sexualidade saudável vs. prejudicial, materialismo, cura encontrada na escuridão, examinar sua sombra, estar preso em suas próprias histórias, manipulação, mentir para si mesmo, tentação

VIDÊNCIA DE SOMBRA: liberação, libertar-se do vício, estar à beira de uma descoberta, libertação, não querer enxergar seu papel em uma circunstância negativa, perceber que você está entregando seu poder, sentir-se desamparado, quebrar as correntes

O Diabo estende a mão, concedendo uma libertação daquilo que é mundano com promessas de prazeres terrenos e materiais. Embora às vezes esta libertação seja saudável e necessária, ela esconde o fato de que tudo o que ele oferece a você pode se tornar um vício. Desde álcool, drogas, trabalho e sexo, aos mais diferenciados vícios, como relacionamentos codependentes ou como os outros fazem você se sentir, ou seja, qualquer coisa que possa prendê-lo ou fazê-lo ultrapassar seus limites pode ser prejudicial, quando em excesso. O Diabo é um empurrãozinho para mergulhar em suas próprias sombras. Ele irá levá-lo até lá, e então caberá a você a escolha de cair totalmente na escuridão, ou trabalhar para curar seu relacionamento com seu belo coração. Ilumine as coisas que estão competindo por seu tempo, sua energia, e seu amor que o deixam com uma sensação de vazio. Lembre-se de que os vícios não necessariamente aparentam ser assustadores e demoníacos até que o sejam. Procure libertação das amarras que mantêm você preso e liberte-se. Na escuridão, olhe para os aspectos fragmentados de si mesmo como uma fonte de luz.

Na escuridão, eu sou livre para curar **tudo**.

16.
A TORRE

VIDÊNCIA DE LUZ: mudança inesperada, caos, ter o tapete puxado por baixo de seus pés, crenças desafiadas, nova consciência e perspectivas, destruição, ser inseguro sobre quem você é

VIDÊNCIA DE SOMBRA: vida perdendo o vigor, recusar-se a mudar, medo do desconhecido, evitar um desastre, negação

Uau. Aperte o cinto e aguarde o inesperado. Às vezes, resistimos à mudança a tal ponto que o Universo atua de forma destrutiva e caótica para fundamentalmente mexer com o jeito como vemos nossa realidade. Existe uma beleza peculiar nessa desconstrução, em que todos os elementos para uma vida melhor são encontrados entre os escombros.

Use este momento para reconstruir algo fundamental e extraordinário. Confie que você será mantido pelo Universo, e você se tornará mais forte e resiliente como resultado. Os momentos da Torre são poderosos. Moventes. Mutáveis. Expansivos. A energia da Torre em sua vida marca um período para você reavaliar, redirecionar, restabelecer e realinhar. É magia disfarçada de imprevisibilidade. A mais brilhante das luzes irá perfurar o pandemônio de mudança que você está experimentando, e você irá encontrar sua bela verdade e seu potencial resplandecente na escuridão da Torre.

Em meio ao caos, eu me movo em direção à luz mais brilhante.

17.
A ESTRELA

VIDÊNCIA DE LUZ: expectativas atendidas, desejos realizados, oportunidades, cura após eventos traumáticos, ciência de que você está no caminho certo, inspiração, esperança renovada

VIDÊNCIA DE SOMBRA: perda da fé, esperança diminuída, decepção, oportunidades perdidas, desespero

Mergulhe na inspiração onírica da Estrela. Ela envia uma mensagem de tempo divino e esperança renovada, e orienta você a alcançar aquela sequência de serendipidade e fé. Seu futuro está cada vez mais brilhante, e você é abençoado pelo Universo. Seu objetivo principal está começando a borbulhar na superfície de sua realidade, e seu caminho está intrinsecamente ligado às suas maiores missões e oportunidades mais brilhantes para expansão. Entre em um caminho de realização e felicidade com a luz das estrelas guiando você! Permita que sua essência inata brilhe através de qualquer escuridão residual agora. Descubra quaisquer crenças limitantes ou dúvidas sobre si mesmo que esteja mantendo, encontre a coragem para expressar quaisquer emoções não expressas, e libere cada pedaço de energia excedida que está ancorando você no passado. É hora de se libertar e ascender. Ao deixar ir, você irá se concentrar no futuro e encontrará sua maior fonte de inspiração e amor. As estrelas estão se alinhando a seu favor, e é hora de confiar nelas.

Eu espero por milagres.

18.
A LUA

VIDÊNCIA DE LUZ: ilusões, verdades ocultas, o desconhecido, confiança em sua intuição, enfrentamento dos medos, a natureza aguada da mente inconsciente, mistério, simbolismo e metáfora, percepção, incerteza, sonhos

VIDÊNCIA DE SOMBRA: medos que o bloqueiam, dificuldade em separar a realidade da ilusão, pensamento linear, incapacidade de processar uma experiência espiritual ou mística, confusão mental, má interpretação, ansiedade, medo

Quando somos confrontados com incerteza e ilusão, pode parecer que estamos nos afogando. Acredite que você ficará bem, mesmo que não consiga distinguir entre os altos e baixos por agora. Quando parar de lutar contra aquilo que você simplesmente não pode ver porque se mantém obscurecido atrás das sombras do luar, você experimentará uma profunda libertação que permitirá que você flutue para a superfície de sua verdade. A carta da Lua pede a você que vá para dentro. Encontre conforto na escuridão e ouça calmamente os sussurros de sua própria intuição. Existe divindade e magia aqui. Quando cair nas águas tranquilas da Lua, sua sabedoria interior irá abraçá-lo e impulsioná-lo em direção à luz. Ela vai revigorar sua criatividade e ressuscitar sua centelha contanto que você vá além de seus próprios medos para encontrá-la. Mergulhe em seu abraço de cura, solte suas inseguranças passadas, e deixe sua magia de luz diminuta guiá-lo para casa.

Eu estou seguro e alcanço novos níveis de conhecimento inconsciente enquanto eu me rendo à vontade do Universo.

19.
O SOL

VIDÊNCIA DE LUZ: alegria, sucesso inspiracional, abundância e realização, criatividade exuberante, positividade, amor, manifestação de sonhos, beleza interior, uma carta de "sim"

VIDÊNCIA DE SOMBRA: atrasos, mentalidade negativa, dúvida ou falta de confiança, necessidade de se desligar da mentalidade negativa para encontrar inspiração

O Sol dá vida a tudo que ele toca. Irradiando intensamente, ele cria um caminho de amor e abundância harmônica. Esta é uma carta de celebração alegre e um sinal vibrante de positividade e sucesso. Espere encontrar felicidade e esteja pronto para tomar uma atitude inspirada com base na positividade radical e na generosidade. Permita que outros aproveitem o brilho quente de seu coração radiante e de sua mente inspirada. As pessoas se sentirão atraídas para você quando a carta Sol chegar (hum, olá, carisma!). Viva! Esta carta é um sinal tranquilizador de que as coisas estão se desenrolando belamente. Você é perfeito, completo e amado pelo Cosmos, e esta pode ser a hora para lidar com qualquer sentimento de inadequação ou de insuficiência e encontrar sua brilhante confiança. O Sol está a caminho de iluminar os cantos do seu coração e incendiar seu mundo com oportunidades e inspiração.

Eu sou completo.
Eu sou mais
do que suficiente.
Eu brilho como o sol
quando estou feliz.

20. O JULGAMENTO

VIDÊNCIA DE LUZ: autorrealização e compreensão, despertar espiritual, redenção, conhecendo seus motivos e seu coração verdadeiramente, transparência total, gloriosa revelação do Espírito

VIDÊNCIA DE SOMBRA: duvidar de si, esconder-se atrás de muitas máscaras, necessidade de deixar de lado um aspecto sombrio de sua história, negar a si mesmo e a seus entes queridos a experiência de sua verdadeira natureza ou essência

Você tem julgado os outros e a si mesmo, e está despertando o entendimento de que a única aprovação que realmente importa é a sua. Você está fazendo o seu melhor com os outros e consigo mesmo? É hora de acabar com qualquer fachada negativa e tirar as máscaras. Pode parecer arriscado, mas este ato de autoaceitação irá desencadear sua essência absoluta. Você é luz, sombra, matéria e consciência. Você é um milagre. Por que, então, mantém sua verdadeira natureza escondida do mundo? Não há como compreender realmente todo o seu potencial até que esteja aberto e seja honesto com seu próprio coração... sem julgamentos. Expandir e evoluir requer perdão colossal de si mesmo. Perdoe sua bela alma. Aceite seu lindo coração. Ao fazer isso, você responderá conscientemente ao chamado do seu Eu Superior, e a vastidão do seu horizonte estará disponível para você.

Olá, essência. Eu convido você a se mostrar todos os dias. Eu convido minha alma para brilhar, assumidamente.

21.
O MUNDO

VIDÊNCIA DE LUZ: conclusão, alegria, integridade, realização, finais felizes, abundância, sucesso, novos níveis de consciência, viajar pelo mundo literalmente

VIDÊNCIA DE SOMBRA: pegar atalhos, necessidade de encerramento, necessidade de dar continuidade, permanecer focado a fim de completar uma tarefa inacabada, um atraso nos planos, sonhos não realizados

O Mundo traz uma das mensagens mais positivas e abundantes do tarô. Parabéns, você chegou longe! Um grande projeto ou período em sua vida está chegando a uma conclusão bem-sucedida, e é hora de se deleitar com o doce arrebatamento de seu sucesso. Se ainda não tiver chegado lá, tome esta carta como um sinal de que você está no caminho certo. Conscientemente, entre na energia de ascensão do Mundo, e receba esta bela mudança conforme sua paisagem interior espiritual se funde com sua realidade exterior. Quando atingir este estágio de fruição, permaneça focado. Não perca a motivação com sua decisão enquanto vislumbra a magia no fim da longa jornada, porque é hora de seguir para as etapas finais e concluir o ciclo. Mesmo na sombra, o Mundo é uma carta positiva que sinaliza bem-aventurança e finais felizes, com grande quantidade de energia positiva a caminho!

Eu aceito este presente de conclusão, e eu ascendo para novos níveis de consciência e integridade. Eu sou amor.

Os Arcanos Menores

Paus

ÁS DE PAUS

VIDÊNCIA DE LUZ: novas ideias, a semente do potencial, a chegada da inspiração, iluminação, criatividade intensa, a natureza espelhada da consciência, a interconexão de todas as coisas, capacidade de manifestar qualquer coisa

VIDÊNCIA DE SOMBRA: sentir-se sem inspiração, bloqueios criativos, a mente precisando de descanso, energia desfocada resultando em esgotamento, um momento para reforçar sua fé em si mesmo

Este Ás contém todas as faíscas para todas as ideias, e elas estão gerando uma luz intensamente poderosa para você agora. Ela está conectando você com a Mente Cósmica, uma consciência do Universo e sua sopa deliciosamente mágica que transborda uma criatividade colossal. A chama que queima aqui pertence a você, mas ela ainda não foi colocada em prática. O que você irá criar com este potencial ilimitado? Esteja aberto para receber inspiração e discernimento. Você pode ter acesso a novas informações sobre o seu propósito divino ou caminho da alma, ou pode até se sentir compelido a colocar algo completamente novo no mundo. Se parecer algo bom, provavelmente é, e embora este Ás só possa prever o início de algo novo, ele também sugere que toda a energia para dar a este projeto, ideia ou sentimento uma conclusão bem-sucedida está disponível para você.

Eu semeio meu futuro brilhante com as raízes da criatividade e inspiração.

2
DE PAUS

VIDÊNCIA DE LUZ: planejar seu futuro, fazer progresso, ativação, possibilidades, escolha entre sua zona de conforto e novas aventuras

VIDÊNCIA DE SOMBRA: inseguranças, medo de dar o próximo passo, ficar preso ao passado, preocupar-se com suas habilidades, oportunidades de parcerias

Você precisa fazer uma escolha. Vá atrás daquilo que você realmente quer fazer, ou não vá. Você pode sonhar e imaginar, ou pode começar a vivenciar isso. Planejamento e imaginação podem nos fazer sentir como observadores de um sonho, e nossa ação é a única maneira de dar vida a essa meta. É hora de escolher entre o Bastão que está confortavelmente enraizado no lugar onde você já conhece, ou aquele que se inclina para novas possibilidades emocionantes. Respire fundo porque a mudança autoiniciada pode ser assustadora! A única maneira de dar passos largos em direção ao seu objetivo é se movendo. Aprenda isso. Faça seus contatos. Tome essa decisão. A falta de ação não fará você chegar lá, e provavelmente você sentirá a angústia de ficar sonhando ao invés de correr atrás de seus objetivos. Use a energia do fogo dos Paus para iniciar sua mudança!

O mundo está repleto de oportunidades para aventura, e eu as recebo em minha vida com ação planejada.

3
DE PAUS

VIDÊNCIA DE LUZ: energia manifestada, esperar pelos resultados de seu esforço, novas oportunidades, finalmente compreender suas ambições, melhoria contínua e movimento na direção certa, progresso

VIDÊNCIA DE SOMBRA: não sonhar grande o suficiente, medo bloqueando seus passos, atrasos

Você tem feito seu trabalho, Vidente da Luz. Planejamento. Visão. Aprendizado. Fique atento aos sinais que mostram que seu sonho está a caminho, porque eles estão em toda parte! Orgulhe-se de seu progresso, pois seus esforços passados criaram o ímpeto que você precisava fazer a situação acontecer. Hoje, você está se movendo através da energia que criou no passado, e estar aqui, pronto, aguardando, é um marco que você deve reconhecer como sucesso! Embora ainda haja trabalho a ser feito, saiba que você está indo na direção certa e em breve verá suas grandes ondas de prosperidade chegando. Quando elas chegarem, você pode não saber exatamente como lidar com isso, mas estará pronto para aprender. Procure esse novo relacionamento, esse novo cliente, ou aquele golpe de sorte no horizonte, pois a chegada é iminente.

Estou esperançoso e otimista, e eu sei que meu sonho está a caminho.

4
DE PAUS

VIDÊNCIA DE LUZ: celebração, prosperidade, um evento ou marco importante, união de almas, parentes, estabilidade em casa e relacionamentos, às vezes pode significar casamento

VIDÊNCIA DE SOMBRA: esquecer a importância das coisas simples, ser envolvido em dramas, falta de harmonia, sentir-se desconectado

Saudações! É hora de relaxar em jubilosa exaltação! Você construiu seu alicerce e, após um período de grandes mudanças, é hora de desfrutar de uma felicidade comunal bem merecida. Se você passou por um ciclo de rápida expansão e despertar, esta carta marca uma transição para um estado mais harmônico e estável. Você alcançou novos níveis de consciência, e este é o momento perfeito para desfrutar de um evento importante e comemorar com as pessoas que amam você. Ame-os de volta, como eles são e, somente entre nós... às vezes esta carta significa um casamento ou outra ocasião significativa! Quando se conectar com os amigos e a família, certifique-se de relaxar, desapegar, e permita que seu corpo integre todas as lições que você esteve trabalhando. Felicidade e harmonia são suas por direito. Aproveite essas calorosas vibrações de celebração e sucesso. Além disso, quando foi a última vez que você dançou?

Eu me dedico a minha conectividade e celebro as maravilhas do júbilo em minha comunidade.

5
DE PAUS

VIDÊNCIA DE LUZ: competição, conflito, ambição, desafio, ser estimulado pelos outros para se destacar, tempestade de ideias, briga interna, adrenalina e agressão, ultrapassar limites, energia dinâmica, nivelamento

VIDÊNCIA DE SOMBRA: oportunidade para colaborar, luta ou discordância intragrupal, ser excessivamente competitivo, não seguir as regras, tendência a evitar conflito que o prejudique

Um pouco de rivalidade pode ser uma coisa boa, pois pode nos levar a ser a melhor versão de nós mesmos, e nos impulsionar a um objetivo muito mais rápido do que se estivéssemos sozinhos. Permita que oposição e desafios o ajudem a evoluir seus métodos e vá além das limitações autoimpostas. Se a competição se tornar prejudicial à saúde, e você estiver experimentando o lado sombrio do conflito ou da ambição, é hora de dar um passo para trás e recuar de energias que estejam impedindo seu progresso. Às vezes, a necessidade de estar certo, ou levar as coisas para o pessoal quando for questionado ou desafiado podem interferir na habilidade de ver seu caminho claramente, então você pode precisar voar sozinho por um tempo para reavaliar suas opções. Enquanto os egos em conflito podem desacelerar as coisas, eles também podem impulsionar o sucesso! Escolha se destacar! Procure por competições saudáveis ou colaborações que inspirem e motivem você. Aprenda com os outros e use energias competitivas como uma forma de enriquecer sua experiência.

Eu apoio os outros
e eles me apoiam,
e nós crescemos em
rápida harmonia..

6
DE PAUS

VIDÊNCIA DE LUZ: sucesso, liderança, realizações, ser visto, tornar-se um influenciador, vitória, otimismo, inspirar os outros

VIDÊNCIA DE SOMBRA: não ser olho por olho, pessimismo, ressentimento, duvidar de si, desejo de reconhecimento, sentimentos de fracasso, comparação, cair em desgraça

Aprecie a doçura desta vitória! Algo que você tem trabalhado finalmente alcançou uma fruição bem-sucedida, e é hora de comemorar suas vitórias, belo vidente. Dê a si mesmo permissão para se aquecer no brilho da realização, e permita que a comunidade ao seu redor testemunhe e aprecie o progresso que você fez. Reservar um tempo para ver seu próprio brilho é tão importante quanto dar o próximo passo em sua jornada, aceite o sucesso para que possa semear mais. Outros irão até você para obter sabedoria agora, então avance e compartilhe seu brilho. Na sombra, esta carta aponta para o esquivamento da atenção do público para esconder sua luz do mundo. Pode também indicar alguém que deseja validação externa em vez de recorrer à sua própria bússola interna para definir o sucesso. Lembre-se de que ninguém mais no mundo tem sua magia, e que a pessoa mais importante a impressionar, com todo o coração, é você mesmo.

Eu sou digno deste sucesso e sou grato por ser **visto**.

7
DE PAUS

VIDÊNCIA DE LUZ: desafio, aterramento e autoproteção, movimento e crescimento, inovação criativa, continuar progredindo, sentir-se vulnerável, um sinal para continuar a compartilhar suas ideias, autoexpressão

VIDÊNCIA DE SOMBRA: defender-se, ser atacado, ser mal interpretado, necessidade de criar barreiras energéticas, falta de preparação, desistência

Haters. Eles vão surgir somente após você conseguir chegar ao topo, açoitando-o com seus Bastões, exigindo que você defenda suas realizações. Às vezes, a competição surge como o resultado de seu intenso brilho no mundo. Se você estiver se sentindo atacado após compartilhar sua magia, é importante lembrar que os outros provavelmente querem o que você tem, então levante-se bravamente e continue a fazer aquilo que faz belamente. Mentalize sentimentos de amor e bem-estar em seu corpo e crie uma bolha protetora de energia ao seu redor. Permaneça sincronizado e alinhado com o seu brilho interno e rejeite qualquer vibração ou emoção negativa que possa estar colocando você para baixo. Você não tem que aceitar a opinião deles como verdade, especialmente quando eles estão competindo por sua posição. Certifique-se de estar agindo de acordo com seus maiores valores, e quando sentir que está alinhado a eles, não deixe ninguém o impedir de realizar seus sonhos!

Eu sou merecedor deste sucesso e irei reluzir bravamente minha luz para o mundo.

8
DE PAUS

VIDÊNCIA DE LUZ: agilidade, velocidade, viagem, tomada de decisões em frações de segundo, resolução positiva próxima, pressa, boas notícias

VIDÊNCIA DE SOMBRA: instabilidade, atrasos, energia desfocada e falta de direcionamento, esgotamento, tendência a hesitar

Ação! Sabe aqueles momentos em que a vida parece uma corrida? Esse tipo de energia rápida está em jogo. Ela é inspiradora, ardente, positiva, e está acontecendo agora. Se você tiver um pressentimento sobre por algo em prática, faça-o! Com tudo isso se movendo rapidamente, evite ser arrastado por uma maré imprevisível tendo clareza sobre seus desejos e sobre que direção tomar. Aproveite esta bela oportunidade repentina! Na sombra, o 8 de Paus sugere que há alguma energia pegajosa influenciando sua situação. Você quer se mover, mas...eca! Se seu pé não estiver preso na lama, então você trancou suas chaves dentro carro, certo?! Se você estiver oscilando entre uma tendência a hesitar e correr tão rápido a ponto de esgotar suas forças, é hora de trazer algum impulso equilibrado em sua propulsão. Um movimento consistente que é bem acolhido em seu coração é o melhor lugar para começar.

Chegou a hora!
Eu entro no fluxo desta energia acelerada e rapidamente encaro meus desejos de frente.

9
DE PAUS

VIDÊNCIA DE LUZ: determinação, resiliência, desafio, últimas defesas, um empurrão final, entusiasmo pelo que está por vir, encontrar motivação diante das dificuldades

VIDÊNCIA DE SOMBRA: necessidade de se abrir e confiar nas pessoas, agarrar-se a velhas histórias, necessidade de deixar batalhas para trás, necessidade de seguir em frente e terminar o que começou, ficar preso por seus próprios limites, desistência

Não desista agora! Você está quase lá! Ao dobrar a esquina em direção ao sucesso, algo pode vir à tona para ameaçar seus sentimentos de segurança e realização. É importante lembrar o quão longe você chegou. Não veja esta pequena desaceleração como um símbolo de fracasso.

Continue resiliente e resista, falta apenas um empurrãozinho para completar esta tarefa, e amanhã, luz deslumbrante, você poderá descansar. Na sombra, esta carta sugere que você esteja tornando as coisas mais difíceis do que o necessário ou que esteja excessivamente na defensiva. Você pode até escolher inadvertidamente o caminho mais difícil porque você acredita, em algum nível, que a cura e a ascensão devem ser "difíceis". Às vezes, ficamos tão apaixonados por nossas histórias de ascensão que nossas sombras se tornam noções românticas que insistimos em defender. Deixe de lado quaisquer ideias que você tenha sobre como trilhar lições específicas no caminho. Seu sucesso e o tempo para relaxar em segurança estão no horizonte.

Eu ultrapasso minhas limitações perceptíveis e permaneço aberto e confiante durante o processo.

10
DE PAUS

VIDÊNCIA DE LUZ: assumir muita coisa, oportunidade de se libertar de fardos, obrigações, encontrar-se perto de um resultado bem-sucedido, necessidade de priorizar, uma mensagem para continuar

VIDÊNCIA DE SOMBRA: atenção dividida, apego a responsabilidades, dificuldade em pedir ajuda, opressão de martírio, abandonar as expectativas de outra pessoa sobre você, necessidade de se defender

Todas essas responsabilidades. Você realmente precisa carregar todos esses Bastões sozinho, tudo ao mesmo tempo? Você não poderia eliminar alguns deles e ver quais são suas prioridades? Ou talvez, apenas talvez, as coisas fossem muito mais rápidas se você pedisse ajuda (tudo o que você precisa fazer é pedir!). Abandone aquilo que não é essencial e qualquer coisa que esteja pesando sobre si mesmo, porque você está tão perto, e ainda assim tão sobrecarregado. Pense: leviandade e facilidade! Simplificar as coisas agilizará seus objetivos e trará alívio para qualquer energia opressora ou desmotivadora que você esteja sentindo. Às vezes, isso significa abrir mão de um comportamento adquirido ou de uma crença limitante, e pode também significar excluir uma tarefa de seu calendário. Se seu fardo é material, espiritual, literal ou energético, é claro que você tem alguma bagagem extra neste momento. Liberte-se disso e aproveite seus últimos passos para a linha de chegada!

Eu libero meus fardos para os éteres, sabendo que o Universo vai me ajudar a lidar com aquilo que é essencial.

PAJEM DE PAUS

VIDÊNCIA DE LUZ: explosão criativa e entusiasmo contagiante, ideias em abundância, começos criativos, uma inspiração recém-encontrada, aprimorar uma nova habilidade ou paixão, curiosidade e experimentar coisas novas, dar-se permissão para sonhar, grande energia para a ideação criativa e tempestade de ideias, centelha juvenil

VIDÊNCIA DE SOMBRA: crenças limitantes, angústia do criador, necessidade de direcionar sua energia, sentir-se ansioso para começar algo novo, mas confrontado por obstáculos, teimosia, rebeldia

Este Pajem é um espírito livre que carrega entusiasmo contagiante. Deleite-se em sua energia criativa jovem, crua e exuberante e preste atenção às novas ideias que estão borbulhando para a superfície neste momento! Você encontrará lampejos de inspiração aqui... uma inspiração que vem junto com enorme potencial. Se você estiver sentindo a angústia do criador de não ter nenhum plano para dar vida a esses insights, deixe fluir sua necessidade de formalizar seus planos agora mesmo. Dar às suas ideias o espaço que elas precisam para se desenvolver antes de compartilhá-las prematuramente permitirá que suas asas se formem por completo. Seu poder é ilimitado! Deixe-as respirar! Passe algum tempo extra buscando a imaginação, e se estiver sentindo qualquer falta de ambição ou impulsão, ou estiver desprovido da inspiração que esta carta ilumina, saiba que você encontrará este fogo quando você se permitir sonhar.

Como o idealizador do meu sonho, eu de forma espontânea e apaixonada acendo esta chama.

CAVALEIRO DE PAUS

VIDÊNCIA DE LUZ: carisma, paixão, espontaneidade, perseguir seus sonhos, energia rápida, entusiasmo, coragem, tomar uma atitude inspirada, busca por aventuras

VIDÊNCIA DE SOMBRA: energia fora de foco, autossabotagem com emoções ardentes, imprudência, necessidade de mais autoconsciência, arrogância

Com o que você tem sonhado? O Cavaleiro de Paus galopa para dentro e para fora de sua leitura com mensagens de aventura, impulsividade, e a busca corajosa das coisas que mais inspiram você. Que projeto passional você tem planejado? Qual aquele círculo de tambores que você sempre quis se juntar? Permita a espontaneidade em suas escolhas e dê a si mesmo a liberdade de mudar sua realidade para corresponder aos seus desejos. Está tudo bem ansiar por coisas novas e correr com o vento quando você estiver se sentindo animado com uma ideia. Vá com tudo! Permita que esta energia de espírito elevado entre e incite um incêndio florestal de impulso positivo. Na sombra, esta carta aconselha contra impulsividade imprudente e explosões calorosas. Você não quer que toda essa energia criativa reprimida espontaneamente exploda! Abane as chamas e deixe alguma energia para longo prazo. Faça sua paixão trabalhar por você, enquanto se recupera em direção ao sucesso.

Em busca do imaginado, eu manifesto este fogo com sentimentos infecciosos de inspiração.

RAINHA DE PAUS

VIDÊNCIA DE LUZ: criatividade, paixão, determinação, confiança, alegria, ousadia expressão, ajudar os outros para construir seu reino, poder

VIDÊNCIA DE SOMBRA: ciúme, ter medo de arriscar, não ser totalmente honesto consigo mesmo, um momento ideal para construir sua autoconfiança e permitir se abrir para o que outras pessoas pensam, paixões minguantes

Você é capaz e feroz. Está na hora de enraizar-se e corajosamente caminhar em seu propósito para ser o protagonista de sua vida. A Rainha de Paus irradia criatividade e paixão onde quer que vá, e quando entra em um espaço, seu exuberante carisma e confiança são palpáveis. Não tenha medo de ser o centro das atenções e, pelo amor da Deusa, pare de se diminuir para fazer aqueles ao seu redor se sentirem mais confortáveis! Certifique-se de que explosões de produtividade sejam acompanhadas pelo riso e pela gratidão... conexão, valorização e amor. Tudo bem manter a sombra em toda essa luz. Não a descarte totalmente de modo que você não consiga encontrá-la novamente. Aceite as partes de você que não são compartilhadas abertamente. As falhas do passado têm segurado você? Elas não o definem, então transmute essa sombra. Medite brevemente sobre isso e depois ateie fogo, porque você não precisa mais.

Eu encho meu mundo com uma luz intensa que conecta e incita paixões.

REI DE PAUS

VIDÊNCIA DE LUZ: um espírito empreendedor, um líder nato, ideias que podem ser um grande sucesso, um visionário criativo, atemporal, sucesso, fogo

VIDÊNCIA DE SOMBRA: ser excessivamente ambicioso, necessidade de compaixão, egomania, ser muito assertivo, emoções explosivas, impaciência

Esse cara impetuoso é um líder carismático nato cuja vitalidade emana através de sua risada e sua obsessão com uma vida bem vivida. Enquanto dança nesta energia, você pode sentir uma onda de paixão empreendedora que o move até os limites do seu sucesso épico. Carta dos magnatas, das obras-primas e da inspiração da alma, o Rei de Paus chama você para liberar o excêntrico não convencional que tem dentro de si, e não sinta remorso em sua busca por se sobressair. Ponha sua visão em prática por meio da expressão totalmente nova de grandes ideias. E, se você se pegar tropeçando pelas minúcias do dia a dia, recrute ajuda e analise a situação como um todo. Grite apaixonadamente. Convide outras pessoas para verem o que você vê. O lado sombrio desta energia é que talvez você não perceba seus pontos cegos por causa de uma ambição excessivamente zelosa. Mantenha a arrogância e as expectativas irrealistas sob controle, fortaleça-se diante dos problemas antes de avançar intensamente com o coração vibrante.

Com paixão e impulsionados pelo amor, nós construímos este império de luz juntos.

Copas

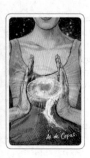

ÁS DE COPAS

VIDÊNCIA DE LUZ: novas conexões, novos relacionamentos românticos, amizades, sementes de amor e esperança, novas emoções descobertas, despertar do coração, alegria, resultados positivos, Unicidade, bem-aventurança, criatividade

VIDÊNCIA DE SOMBRA: tempo para nutrir mais amor próprio, certificar-se de que você não esteja reprimindo suas emoções, abrindo até a possibilidade de amor

Com uma mensagem extremamente positiva de começos vibrantes, o Ás de Copas marca a gênese de relacionamentos, conexões emocionais e sentimentos profundos de amor e amizade. Suas emoções são uma magia poderosa! Cultive sua habilidade para convocar sentimentos expansivos, otimistas e profundamente radiantes e conscientemente enviar as ondas do seu coração para o mundo. Eles se tornarão faróis poderosos para despertar novas aventuras, romance e a alegria efusiva que você está chamando para sua vida. Sua capacidade para amar está se expandindo, então certifique-se de não reprimir sua habilidade de se conectar com os outros por ser alguém excessivamente protetor. Estenda conscientemente o amor que você sente para o seu próprio coração também. Perdoe a si mesmo pelos erros do passado e encontre uma fonte para a cura. Com grandes quantidades de autoaceitação, prepare-se para expandir! Afinidades emocionantes estão surgindo, e é hora de se abrir e se dar permissão para aprofundar sua proximidade com a vida ao seu redor.

Meu coração está aberto e cheio de amor.

2
DE COPAS

VIDÊNCIA DE LUZ: parceiros românticos, almas gêmeas, amizades, corações conectados, paixão, espíritos afins, conexão alegre e cooperação, união, às vezes casamento, dualidade, amor consciente

VIDÊNCIA DE SOMBRA: bloqueios emocionais, não estar aberto para receber amor, desarmonia, parcerias desfeitas, separação, cura de traumas passados

No momento em que compartilhar sua alegria com aqueles ao seu redor, você criará laços profundos e significativos. Esta carta sussurra romance e amor, felicidade e atração, e uma unidade de corações afins. Às vezes, pode significar o início de uma nova amizade ou uma parceria de negócios, outras vezes pode marcar

uma profunda união romântica. Este empare-
lhamento perfeito de almas combinadas tem
potencial para se desenvolver no emaranhado
mágico e inebriante de chamas gêmeas, ou
na fusão de caminhos que serão unidos para
sempre ou mudados como resultado. Se você for
solteiro, procure por um amante profundamente
apaixonado e devoto. Você está colocando
energia suficiente em seus relacionamentos? A
forma como você se vê sendo a metade de um
par irá se aprofundar e mudar de acordo com a
efervescência do 2 de Copas em sua vida. Esta
reflexão sagrada irá misturar espírito, emoção,
amor, harmonia e equilíbrio.

Eu prospero em parcerias
e meu coração salta
em júbilo quando
eu me conecto.

3
DE COPAS

VIDÊNCIA DE LUZ: amizades, abundância, cooperação, comunidade, proximidade com irmãos, alegria, comunicação, celebração, prisões mentais

VIDÊNCIA DE SOMBRA: necessidade de ver o valor que você traz para um relacionamento, disputas ou falta de comunicação, sentir-se excluído, às vezes um triângulo amoroso, necessidade de fazer as pazes

Aqueles que você anda e as conexões familiares forjadas nem sempre são definidas pelo sangue, embora sejam seu sistema de apoio para todas as horas. Amizades profundas são a família que escolhemos, e estas conexões sagradas devem ser apreciadas e nutridas. Nos melhores e nos piores momentos, seus companheiros servem como espelhos, permitindo que você veja quem realmente é pelos olhos deles. De quem você precisa para obter suporte? Chame seus melhores amigos e aproveite a risada calorosa que vem de um poderoso grupo de almas. Seu amor mútuo e vínculo benéfico carregam frequências vibracionais muitas vezes antigas, e qualquer contratempo decorrente de falta de comunicação ou desarmonia pode vir de feridas antigas ou padrões que estão ressurgindo para serem curados. Se uma conexão importante tiver dado errado, pode ser hora de fazer as pazes. Se você precisar despender mais energia para cultivar amizades, confie em seu coração para guiá-lo.

Eu me conecto a essa irmandade sagrada e a essa experiência expansiva de testemunhar através do tempo.

4
DE COPAS

VIDÊNCIA DE LUZ: perda de oportunidades de abundância, tempo para meditar, frustração e tédio, ser imaturo, não apreciando o que você tem, apatia, introspecção, estabilidade levando ao tédio

VIDÊNCIA DE SOMBRA: focando no negativo, pessimismo, hora de praticar gratidão, um leve empurrão para parar de reclamar

Se você estiver se sentindo entediado, insatisfeito ou frustrado com sua atual situação, saiba que provavelmente está perdendo as paisagens vibrantes que estão presentes além de sua visão periférica. Frequentemente, ficamos tão focados em nossas próprias perspectivas que nossos sentimentos sobre uma situação podem nos impedir de perceber a chegada de oportunidades extraordinárias e de coisas notáveis. Se você permanecer aberto a mudar ligeiramente para ver sua situação sob uma luz nova e fantástica, você aprenderá que o momento presente é preenchido com a magia mais dinâmica. Ao invés de focar no que você não faz direito, concentre-se naquilo que faz bem. Melhor ainda, gaste energia concentrando seus pensamentos nas experiências que você criará no futuro. Tirar um tempo para meditar e desacelerar sua mente vai lhe mostrar que a vida é melhor do que parece. Depende de você mudar para a abundância disponível agora.

Eu vejo a plenitude e a riqueza da minha vida.

5
DE COPAS

VIDÊNCIA DE LUZ: luto, desilusão, decepção, traição, amargura, chafurdar-se, autopiedade, pode significar um coração partido

VIDÊNCIA DE SOMBRA: não largar um trauma passado, chorar sobre leite derramado, enraizar profundamente no trabalho da sombra sem se curar ou desapegar, velhas histórias que se tornaram uma parte de você, insensibilidade, exaustão

A ilusão está se dissipando e você pode de repente se encontrar no meio de uma realidade que é dolorosamente decepcionante. Se sua noite escura for resultado de uma decepção, você precisará achar as sementes do perdão a fim de evitar um coração calejado. Liberte-se de qualquer culpa em torno da situação. Quando percebemos que a direção em que estávamos indo não é mais uma opção, facilmente podemos focar na perda permitindo que nossa energia fique estagnada e espirale em autopiedade. Não deixe que sua força vital escoe com coisas que você amou uma vez. Permita que seu coração navegue em direção à mágica curativa de encontrar fé em seu futuro. E se você estiver tendo dificuldade em desapegar, desamarre seu coração de seus sonhos fragmentados e se dê permissão para imaginar um futuro melhor. Desmantele sua dor, recupere sua felicidade e conscientemente recue para um caminho preenchido com esperança.

Meu terno coração me ajuda a navegar em direção ao meu futuro brilhante.

6
DE COPAS

VIDÊNCIA DE LUZ: nostalgia, reconectar-se com gente do passado, harmonia, temas de sua vida, criança interior e futuro eu

VIDÊNCIA DE SOMBRA: estar preso no passado, lamentar decisões e ações, necessidade de perdoar os outros, um lembrete para se perdoar, deixar as pessoas entrarem, necessidade de lidar com o arrependimento

Você pode estar sentindo nostalgia ou um sentimento desencadeado por velhas memórias. Está na hora de se perdoar, liberando qualquer culpa residual que você ainda carrega de relacionamentos passados, traumas ou ações anteriores. Aceite sua humanidade e pare de lamentar as decisões que tomou até agora. Memórias são ferramentas profundas para assimilar lições e cura. Quem você era pode evidenciar o quão longe chegou, e esse crescimento pode reluzir beleza por onde você for. O tempo é uma coisa linda. Considere as necessidades de sua criança interior, ou ouça os conselhos de seu futuro eu. Às vezes, esta carta é uma mensagem literal de que alguém do seu passado irá entrar novamente em sua vida, ou que é o momento perfeito para se reconectar com antigos parentes e relembrar. Quando nos conectamos com todos os momentos da nossa linha do tempo, verdadeiramente encontramos nossa integridade.

Estou em paz com meu passado. Ele me trouxe para onde eu estou destinado a estar.

7 DE COPAS

VIDÊNCIA DE LUZ: fantasias, escolhas, pensamento positivo, o fascínio da tentação no caminho, necessidade de seguir em frente sem ter ciência do todo, opções

VIDÊNCIA DE SOMBRA: sentir-se bloqueado por indecisão, medo de fazer a escolha errada, opressão

Quando você sonha acordado com o futuro, as opções à sua frente podem parecer decepcionantes e opressoras. O caminho de A a Z é geralmente nebuloso, e a vida pode se apresentar como um jogo de rampas e escadas que o coloca para baixo apenas para que você se erga. Seu desejo de escolher o caminho correto e perfeito pode complicar e confundir ainda mais sua decisão, porque não há como saber tudo o que irá derramar da Taça que você escolher! Use sua intuição para decidir, lembrando que a tentação de coisas brilhantes pode ser ilusória, enquanto caminhos desafiadores muitas vezes são uma oportunidade inesperada. Peça ao seu coração para discernir quais opções estão honestamente na sua frente hoje, e mesmo que as coisas não sejam exatamente como pareçam, escolher o que você realmente deseja lhe trará o caminho das pedras.

Minha imaginação mais selvagem é uma ferramenta que posso usar para saber meu futuro de uma maneira realista.

8
DE COPAS

VIDÊNCIA DE LUZ: deixar ir, libertar aquilo que não serve mais a você, um ritual de libertação, um momento para mover energia estagnada, partir, deixar sua velha realidade para buscar uma nova, abandono, desapontamento

VIDÊNCIA DE SOMBRA: ir embora e então lamentar sua escolha, sentir-se preso em sua realidade atual, medos que bloqueiam seus impulsos, escapismo, evasão

Ela lançou sua última Taça ao mar. Sua cerimônia do fogo acabou. Está na hora de se afastar de algo em sua vida? Escolher seu sonho sagrado, especialmente quando estiver se sentindo desapontado, é um dos maiores atos de amor próprio que você pode decretar. Quando você dá o primeiro passo, começa a escolher a si mesmo. Não há nada mais curativo ou mais poderoso que isso! Encontre sua determinação e solte qualquer âncora que esteja segurando você. Embora seu coração desiludido possa estar exigindo certa atenção extra, você pode realinhar seu caminho eliminando expectativas, esperanças, pessoas, ideias, crenças, culpa, ou modos de ser irreais. Se você perceber que está exausto ou confuso, ou pulando de uma coisa para outra, saiba que você está entrando em um período místico de intensa mudança, e libertar velhas histórias irá ajudá-lo a viajar com pouca bagagem. Vá na direção dos sonhos épicos, da felicidade e de maior significado.

Eu me afasto da negatividade e eu me escolho em um ato rebelde de amor próprio.

9
DE COPAS

VIDÊNCIA DE LUZ: o Universo está presenteando você com seu desejo, escolher alegria, sonhos manifestados, gratidão, abundância

VIDÊNCIA DE SOMBRA: gratificação atrasada, desejos não realizados, sonhos não manifestados, ganância bloqueando seu caminho, não apreciar as coisas simples na vida, presunção

Esta é uma carta de abundância e felicidade, e é muitas vezes, apropriadamente, chamada de "a carta do desejo". O que você tem desejado? Permita-se experimentar o quão engrandecedora esta jornada pode ser, e preencha sua vida com todas as risadas e alegria necessárias para impulsioná-lo para a próxima fase de sua felicidade. Faça um balanço de todos os sentimentos que estão vindo à tona, e lembre-se de praticar gratidão pela manifestação dos seus sonhos. A aparência desta carta em sua abertura é uma mensagem auspiciosa de prosperidade, harmonia e obtenção do que você deseja. Aquilo que você tem almejado está chegando até você, então aproveite os prazeres da vida e mergulhe nas grandezas e nas maravilhas de um coração alegre.

Eu abro meu grato coração para os presentes que estão vindo ao meu caminho.

10
DE COPAS

VIDÊNCIA DE LUZ: comunidade, amor, almas gêmeas, harmonia nos relacionamentos e na família, conexões divinas, abrir o coração e expansão, integridade

VIDÊNCIA DE SOMBRA: desarmonia ou disputas, falta de comunicação, relacionamentos problemáticos, expectativas irrealistas, não se sentir digno de amor, um atraso

Esta carta tem a poderosa energia de corações conectados, amor gigante e aceitação devota. Muitas vezes vista como a carta da "grande família feliz ", é um sim gigante para relacionamentos e amor, e prevê o seu felizes para sempre (e assim você começa a imaginar como almas gêmeas e unicórnios se parecem).

Permita que a energia expansiva de seu coração se expanda para todas as suas conexões, incluindo aquelas com sua comunidade. Na sombra, esta carta sugere que você precisa avaliar como se sente sobre si mesmo dentro dos relacionamentos. E se você estiver procurando uma "casa com cerca branca" como sua felicidade, lembre-se de que sua alegria virá de dentro para fora. Esperar por outras pessoas (ou coisas) para criar sua felicidade para você, enfraquece seu próprio poder de criar sentimentos de amor. Traga gratidão e generosidade para sua vida, todos os dias. Foque nos outros, e os presenteie com sua energia por meio de tempo, gentileza e serviço.

Eu vivo em um estado de Unicidade ao trazer harmonia e amor para meus relacionamentos.

PAJEM DE COPAS

VIDÊNCIA DE LUZ: um sonhador, serendipidade, criatividade, trajetórias inesperadas, magia e sincronicidade, um coração aberto e alegre, sensibilidade e ingenuidade no romance, ser motivado por ideias inovadoras

VIDÊNCIA DE SOMBRA: não perceber os sinais, ser excessivamente sensível, exibir emoções infantis, criatividade bloqueada

Existe serendipidade e magia aqui. Como o primeiro suspiro de amor ou um primeiro beijo, tudo pode acontecer neste momento. Esteja aberto a milagres maravilhosos. Esta é a carta onde "o impossível se torna possível", e segurá-la em suas mãos é um sinal de que eventos inesperados e fortuitos estão vindo em sua direção. Traga entusiasmo infantil para o desconhecido, e seja receptivo a qualquer reviravolta inesperada em sua jornada. Esteja aberto à inspiração vinda dos mais estranhos lugares e preste atenção às reflexões intuitivas que chegam, pois elas darão asas à sua imaginação. Enquanto você aproveita este momento estranho de pensamento único, certifique-se de que você não esteja sendo excessivamente sensível ou que esteja bloqueando seu próprio fluxo porque está tentando controlar o processo. Permita que suas emoções sigam as migalhas de pão da alegria. Brinque um pouco mais. Faça algo bobo. Mantenha-se curioso sobre qualquer sentimento de admiração e permita seu lado sonhador sensitivo sonhar.

O mundo é minha ostra florescente e eu sou uma pérola animada para ver o que acontece a seguir.

CAVALEIRO DE COPAS

VIDÊNCIA DE LUZ: um romântico clássico, uma alma apaixonada, tendências artísticas, criatividade, expor abertamente os sentimentos, buscar conexão, estar apaixonado pela ideia do amor, cavalheirismo

VIDÊNCIA DE SOMBRA: não perceber os sinais, proteger seu coração, não estar aberto ao amor, um jogador, um parceiro ciumento, mau humor, ficar emburrado, emoções negativas bloqueando seu progresso, decepção

Este romântico clássico convida você a entrar em um mundo de rosas, banhos de espuma e champanhe, e está se dedicando totalmente a você hoje. E talvez todos os dias!

Esta carta anuncia romance e incorpora o movimento gracioso de uma dança lenta. Aproveite este flerte e esteja presente para se conectar. Este Cavaleiro é intuitivo e está totalmente em contato com suas emoções. Como tal, ele sabe o que quer e não tem nenhum problema em expor seus sentimentos. Esta carta geralmente significa alguém que está apaixonado pela própria ideia do amor, e às vezes isso vem junto com expectativas irreais. Você está pronto para se apaixonar e permitir que honestidade e vulnerabilidade fluam livremente na sua vida? Você acredita neste tipo de amor verdadeiro? Prepare-se para se inspirar e trabalhar com ele para fazer arte, música, amor e uma verdadeira obra-prima da vida.

Eu estou em contato com minhas emoções.

RAINHA DE COPAS

VIDÊNCIA DE LUZ: ser extremamente intuitivo, inteligência emocional altamente sintonizada, amor e compaixão, sensibilidade, força, empatia, conduzir as coisas com seu coração, cura

VIDÊNCIA DE SOMBRA: controlar ou suprimir emoções, sentir-se inseguro, necessidade de ouvir mais, irracionalidade, chantagem emocional, ser melodramático, oportunidade de ser responsável por suas próprias emoções

    A Rainha de Copas é uma das personagens mais intuitivas do tarô, flutuando em seu sonho de conexão espiritual. Ela o questiona sobre o quanto suas emoções têm servido você ultimamente e o lembra que você tem a habilidade para se conectar em um nível muito mais profundo. Sinta e aceite sua intuição emocional. Ouça atentamente como uma forma de entender o que realmente está acontecendo, e garanta que as outras pessoas se sintam ouvidas quando você se comunicar com elas. Dedique tempo às suas pistas emocionais e veja a beleza divina em todas as experiências de vida. É preciso luz e sombra para fazer o fundo do oceano brilhar. Na sombra, esta carta pode indicar que você está perdendo o contato com suas emoções, ou que você está suprimindo seus sentimentos embora se recuse a ver o óbvio. Se você sentir qualquer insegurança ao se conectar abertamente com os outros, torne-se uma companhia melhor compartilhando vulneravelmente o seu coração sensível.

Meu coração intuitivo expressa abertamente amor intenso.

REI DE COPAS

VIDÊNCIA DE LUZ: amor, inteligência emocional, paciência, experiência, estabilidade e equilíbrio, criatividade, diplomacia, alguém que o apoia, ser aquele que nutre, um líder sábio

VIDÊNCIA DE SOMBRA: ser dramático, retirar-se, não ter contato com as emoções, ter gatilhos, ser temperamental, oportunidade de trabalhar com a mente subconsciente e mergulhar em autocuidados

Ele suaviza seu olhar e toca sua tigela tibetana. Quando algo inesperado chega à consciência do Rei de Copas, algo que poderia abalar a compostura de qualquer outra pessoa, deixando-a em um estado de estresse ou raiva, ele regula seu estado emocional com sua energia madura, praticada e meditativa. Encontrar o ponto ideal entre o coração empático e a mente inteligente é a chave para esta liderança de sucesso. Permita que sua inteligência emocional o guie enquanto você busca unir lógica, bondade e amor. Se você estiver em uma situação que pede para você navegar por energias tumultuadas, encontre sua serenidade aterrada escolhendo com calma o cuidado e a diplomacia em vez de força. Na sombra, este Rei pode sugerir que você possa estar se sentindo retraído, mal-humorado ou temperamental ou que esteja perdendo contato com os sentimentos dos outros nesse momento. Fique longe de situações que soem emocionalmente manipuladoras. Em vez disso, procure compreender os outros através de empatia, tolerância e compaixão e você será realizado emocionalmente.

> Meu coração carrega profunda sabedoria e amor, e eu uso isso para me conectar e liderar.

ÁS DE ESPADAS

VIDÊNCIA DE LUZ: novas ideias, clareza, um momento "ahá", verdade revelada, entendimento e estados intensificados de consciência, memória ou pensamento, comunicação, vitória, sucesso e triunfo, um golpe de mestre

VIDÊNCIA DE SOMBRA: analisar demais, ficar estagnado ou preso, julgamento turvado, esconder a verdade

A clareza massiva está a caminho. Uma nova porta está se abrindo para você. Muitas vezes, ela revela uma ideia de mudança de vida ou uma importante descoberta espiritual. Espere momentos "ahá" de lucidez para penetrar sua consciência e revelar uma visão totalmente nova para o futuro. Conforme esta essência espirala na compreensão, use este tempo para ver as coisas como realmente são e para entrar em sintonia com novos começos. O discernimento silencioso da mente inconsciente está sendo disponibilizado para você, então você pode experimentar uma rápida expansão conforme sua mente consciente integra esta informação recém-descoberta. Saiba que nada pode competir com os raios ferozes da sabedoria e da verdade, então se você estiver com o julgamento nublado ou com o pensamento estagnado, é hora de buscar a energia brilhantemente iluminada da honestidade. Reúna seu discernimento, seu intelecto, sua lógica e sua compreensão, e comunique claramente a verdade que está borbulhando para ser testemunhada.

Eu experimento momentos brilhantes de clareza.

2
DE ESPADAS

VIDÊNCIA DE LUZ: impasse, uma encruzilhada, fazer uma escolha difícil, opor-se a ideias ou opções, escolher a melhor rota de ação, memória e pensamento

VIDÊNCIA DE SOMBRA: uma escolha difícil, confusão, angústia do desconhecido, estar entre a cruz e a espada, medo de compromisso

Você conhece aquela sensação de não saber? É hora de fazer uma escolha, e pode parecer que você esteja entre a cruz e a espada. Se você não conseguir decidir qual caminho seguir, é porque você não está conseguindo ver a situação como um todo... ainda. O 2 de Espadas está sussurrando que você deve se mover em uma direção. Feche seus olhos e ouça seu sistema de orientação interna como um mapa. Se sua intuição ficar estranhamente silenciosa, ela estará pedindo para que você confie em si mesmo e em sua capacidade de discernir e decidir. Mesmo na cegueira, você já conhece o melhor caminho a seguir! Quando você agir, o futuro se revelará e o ajudará se mover em direção ao seu sonho. Tenha fé de que o Universo está oferecendo a você a experiência certa. Na encruzilhada de dualidade, sua análise e reflexão só irão enterrá-lo na areia movediça de um milhão de finais possíveis, então encontre a paz confiando em seu julgamento.

Quando cegado pelo desconhecido, posso confiar em mim para me mover em direção à luz.

3
DE ESPADAS

VIDÊNCIA DE LUZ: separação dolorosa, perda, desgosto, uma oportunidade para cura, sombras vindo à luz, encontrar inspiração de novo

VIDÊNCIA DE SOMBRA: não aceitar perdas, necessidade de cura, estar preso em seu luto ou tristeza, não enxergar seu papel em uma perda ou em uma decepção

Com o coração partido, ela cai de joelhos, e grita para o Universo por uma segunda chance. A separação pode vir de várias formas, desde a perda de um relacionamento ou identidade, até a desintegração da crença, do propósito, ou dos objetivos. A separação daquilo que pensamos que tínhamos pode marcar momentos em nossas vidas. Se você se encontrar em meio a realidades oscilantes e perdendo algo que parece próximo e querido para o seu coração, saiba que isso também passará. Esse rompimento, embora doloroso, é parte necessária do processo. Embora tudo esteja apontando o contrário, seu futuro iluminado chegará por causa dessa experiência. Amarre-se à sua luz e prepare-se para passar algum tempo nutrindo seu terno espírito. Esses tempos sombrios são sempre oportunidades para se tornar mais forte e mais resiliente, então dê a si mesmo tempo para se curar. E saiba que você irá amar, prosperar, e encontrar inspiração novamente em breve.

Meu coração permanece terno e aberto.

4
DE ESPADAS

VIDÊNCIA DE LUZ: um tempo de profundo descanso, transmutação da sombra, cura do esgotamento, tirar umas férias breves da sua realidade, renovação, amor próprio

VIDÊNCIA DE SOMBRA: não reconhecer os perigos do esgotamento, necessidade de gastar tempo se recuperando, dedicar sua energia para cuidar de si

Este período de profundo descanso em sua vida marca um momento de cura intencional e autocuidado. Mais do que apenas parte integrante de seu bem-estar, é parte do seu ser neste momento – corpo, mente e espírito. Como você irá se curar é sua escolha. Você pode encontrar uma regeneração tranquila através do sono ou de outras práticas restaurativas, como meditação, cura energética, escrever em um diário, etc. Conscientemente, decida desacelerar e processar os acontecimentos. A agitação pode ser tumultuada e exigente, e a única pessoa que pode realmente dirigir sua própria recuperação radical é você. Cuide de suas feridas, já que você pode estar à beira do esgotamento. Seu ninho vai crescer ao seu redor conforme você dormir, e a paisagem da sua vida se modificará lindamente conforme você adentrar sua energia rejuvenescedora. Em seu estado de sonho, você irá transmutar e transformar suas experiências, e emergir renovado, completo, e pronto para ascender. Mas primeiro você deve descansar. Bons sonhos, doce chapim.

Eu me dou permissão para desacelerar e me curar.

5
DE ESPADAS

VIDÊNCIA DE LUZ: conflito, vantagem injusta, experimentar a perda, necessidade de desenvolver suas habilidades e sua confiança, vitórias vazias

VIDÊNCIA DE SOMBRA: estratégias enganosas e se sentir culpado por sua vitória, ressentimento, um desejo de paz, a percepção de que não há vencedores

Você pode ter experimentado uma perda inesperada que o deixou um pouco ferido. Às vezes, a vida não é justa, e essas desigualdades podem drenar nossa energia por muito mais tempo do que o necessário. Muitas vezes, é o medo do fracasso que faz a maior parte da drenagem. Se você estiver se sentindo enganado ou derrotado, lembre-se que aquele capítulo não define você. Perdas e vitórias fazem parte da experiência humana e as chaves para o auto-aperfeiçoamento permanecem adormecidas nas dificuldades. Aumente sua consciência, atualize suas habilidades e aproveite essa experiência. Na sombra, aprendemos que vencer não é tudo, especialmente quando o engano é uma parte da estratégia. O desejo obsessivo de vencer pode fazer com que façamos de tudo somente para nos sentirmos vitoriosos e, a longo prazo, estaremos arriscando tudo o que construímos pelo caminho. Você pode retroceder alguns passos depois de ganhar se você não estiver trazendo sua integridade aos jogos.

As lições me impulsionam sempre.

6
DE ESPADAS

VIDÊNCIA DE LUZ: transições, ajuda na chegada do momento perfeito, ritos de passagem, cura, ir além do trauma ou das sombras do passado, apoio dos outros, evolução pessoal, transição espiritual ou jornada

VIDÊNCIA DE SOMBRA: dificuldade em aceitar ajuda, resistência à mudança, transições árduas, carregar o peso do seu passado

Você está passando por um período de realinhamento, e as coisas podem parecer turbulentas durante esses tempos de transição. Acredite que um futuro melhor espera por você do outro lado dessa mudança. Talvez você esteja passando por um rito de passagem ou por uma intensa transformação espiritual. Essas experiências são profundamente pessoais, e você pode estar se sentindo sozinho agora. Mesmo quando for difícil aceitar a assistência de outros, permaneça aberto a receber ajuda dos lugares mais inesperados. Permita que o apoio suave do Universo mova você através deste oceano da evolução, e incline-se para o positivo (mais luz do sol? Sim, por favor!). Às vezes nos encontramos à deriva porque pensamos que estamos prontos para seguir em frente, mas nosso coração ainda está ancorado ao passado. Qual capítulo antigo precisa ser fechado? Vá atrás de orientação na forma de esperança renovada e prepare-se para explorar novos começos na margem oposta.

Eu aceito ajuda conforme eu facilmente atravesso esta transição.

7
DE ESPADAS

VIDÊNCIA DE LUZ: engano ou traição, pegar apenas o que é necessário, o Universo testemunhando as verdadeiras intenções, fugir com alguma coisa, ser estratégico, ser grato pelos recursos que você tem, mover-se silenciosa e rapidamente

VIDÊNCIA DE SOMBRA: mentir para si mesmo ou para os outros, necessidade de perspectiva e honestidade, segredos, algo roubado, pegar mais do que a parte justa, ser retido pela síndrome do impostor

Tradicionalmente, esta carta nos avisa que devemos estar atentos a enganos, roubo e traição. Embora possamos às vezes sermos vítimas da decepção de outra pessoa, isso também é um incentivo para agirmos em alinhamento com nossa moralidade mais elevada.

Certifique-se de estar sendo honesto consigo mesmo sobre a natureza da sua realidade agora. Há momentos em que fingimos estar tudo bem, ou que estamos fazendo o melhor que podemos mesmo quando não estamos. Às vezes isso se mostra como imprudência ou como uma forma de evitar as responsabilidades. Pegue apenas o que for necessário e lembre-se de que nenhuma desculpa supera sua capacidade de agir com amor e integridade. Você não pode enganar seu coração e o Universo sempre será testemunha de suas verdadeiras intenções. Para você, sozinho e vulnerável sob a luz da lua cheia, a única coisa que importa é a verdade. Avance com a leveza de consciência para guiá-lo.

Eu atuo de um lugar de amor e moralidade, e o Universo testemunha minhas intenções honestas.

8
DE ESPADAS

VIDÊNCIA DE LUZ: sentir-se preso, um momento para abrir seus olhos para revelar a verdade, ter mais opções do que você pensava, oportunidade de abandonar uma velha história

VIDÊNCIA DE SOMBRA: ser uma vítima, sentir-se desamparado, usar suas "histórias" ou experiências passadas como desculpas para permanecer acorrentado

Este é um lembrete gentil de que você cria sua realidade. Olhe além do véu da ilusão que suas limitações atuais estão projetando. Se você estiver se sentindo preso, sem nenhum caminho a seguir, lembre-se de que esta também é uma perspectiva que pode ser elevada. Quando escolhe a soberania no lugar da vitimização, você se torna um feroz portador da escolha. Você pode se libertar de suas algemas e mudar seu resultado dramaticamente ao aceitar que é a única pessoa responsável por sua felicidade. Crie portais infinitos de possibilidade ao se tornar a solução. Nós nunca estamos realmente presos. Alimente sua alma e gaste o tempo que precisar para transmutar quaisquer sentimentos de impotência. Embora nós não possamos controlar cada experiência que é colocada em nosso caminho, podemos definitivamente trabalhar como respondemos à cada uma delas. Deixe de lado histórias antigas e fique atento a qualquer recaída ou pensamentos de baixa vibração que você possa estar tendo. Reformule suas experiências vendo-as como lições e escolha se curar.

Eu sou livre para escolher minha cura e minha luz.

9
DE ESPADAS

VIDÊNCIA DE LUZ: pesadelos, preocupação, sentimentos de depressão ou ansiedade, insônia, medo, oportunidade de encontrar coragem, um momento de se concentrar na segurança e nas coisas que estão indo bem na sua vida

VIDÊNCIA DE SOMBRA: paranoia, medos profundamente ancorados, incapacidade de pensar claramente, turbulência interna, conversa interna negativa afetando a autoestima, oportunidade para começar ativamente a jornada de cura

O que mantém você acordado à noite, doce vidente? Esta carta sugere um momento em sua vida quando pensamentos negativos ganham impulso, e quando você se encontra gastando muita energia preocupando-se com o futuro. Percepção é tudo, então não permita que uma conversa interna negativa faça você tropeçar em si mesmo! Uma mentalidade pessimista que espirala descontroladamente pode levar à ansiedade, estresse ou depressão, mesmo quando seus pensamentos não carregarem a verdade. Você está imaginando o pior em vez de ativar o melhor? Inverta sua perspectiva e envie pensamentos nutritivos e amorosos para sua situação para superar qualquer pensamento perturbador. Olhe para a luz em sua situação e observe que mesmo o brilho mais ínfimo pode manter as coisas sob controle. Use sua luz para expor as ilusões, permita que as preocupações se dissipem e suavize seus pesadelos iluminando-os para que sejam o que realmente são.

Eu vejo meus medos como as ilusões que são.

10
DE ESPADAS

VIDÊNCIA DE LUZ: finais dolorosos, crise, ser apunhalado pelas costas, oportunidade de encontrar cura profunda, oportunidade de encontrar esperança e resiliência

VIDÊNCIA DE SOMBRA: resistir ao inevitável, não querer deixar emoções negativas, fundo do poço, uma narrativa enraizada na falta e no desamparo, perda devastadora, recuperação

Este 10 de Espadas chega até nós em tempos de verdade cega, quando a ilusão é enaltecida. Às vezes, a verdade é dolorosa porque indica traição ou perda pessoal. Esta carta pode marcar um fim abrupto ao nosso caminho atual e uma resolução chocante na forma de um relacionamento destruído, um sonho bloqueado, uma parceria desfeita, ou uma carreira descontinuada. Por mais que esses términos pareçam graves no momento, as sementes mais potentes de esperança são sempre plantadas em seu lugar. Lembre-se de que nossas feridas nos ensinam nossos pontos mais fortes e iluminam nossa habilidade inata de cura. Sua noite escura da alma irá se encontrar com um lindo amanhecer com muito mais luz do que você está habituado. Permaneça aberto ao amor e à alegria enquanto você processa este final, e olhe para a luz do sol que o espera. Assistir os raios de sol no horizonte é a maior tarefa de um coração ferido.

Eu me curo todos os dias.

PAJEM
DE ESPADAS

VIDÊNCIA DE LUZ: energia inquieta, curiosidade, sede de informação, aprender coisas novas, um aprendiz ou estudante, buscas intelectuais, ideias e raciocínio, um mensageiro

VIDÊNCIA DE SOMBRA: arrogância, fofoca, energia nervosa, muita conversa e pouca ação, desonestidade

    Curiosa e inteligente, esta Pajem tem sede de conhecimento aparentemente inextinguível. Ela é incrivelmente uma comunicadora perspicaz, e frequentemente é compelida a compartilhar suas (muitas!) ideias ou mensagens com outras pessoas. Às vezes, ela é tão falante que sua fala se torna muito para que outros processem, e sua intensa energia pode parecer instável ou até nervosa. Ela sugere usar um ar de inventividade em sua busca atual. Seus objetivos serão alcançados ao percorrer um caminho de descoberta honesto, especialmente onde outros estão interessados. Fique com as lâmpadas de curiosidade ligadas, e cultive uma mentalidade de iniciante enquanto você se esforça para aprender novas coisas! Evite cair na fofoca ou até mesmo ser arrogante com sua comunicação, na sombra esta Pajem pode muito falar e pouco agir. Lembre-se que todos que cruzam seu caminho têm algo específico para ensinar a você, e que os espelhos são tudo ao nosso redor. Permaneça aberto às lições inesperadas, compartilhe com sinceridade e se delicie com cada interação.

Eu aprendo e expando minha consciência abrindo novas oportunidades para minha vida.

CAVALEIRO DE ESPADAS

VIDÊNCIA DE LUZ: pressa, tomada de decisão precipitada, inteligência, sagacidade, determinação, salvar o dia, busca da excelência, ambição, ser assertivo, sucesso

VIDÊNCIA DE SOMBRA: falta de foco e energia dispersa, impaciência, agir muito rapidamente, necessidade de uma solução lógica, sentimento retido por circunstâncias frustrantes, parada abrupta, ser uma pessoa difícil e emocionalmente indisponível, imprevisibilidade

Este Cavaleiro tem uma coisa em mente e está correndo em direção ao seu sucesso. Ele é determinado e apaixonado, articulado e inteligente, e tem uma intensidade difícil de compreender. Com a graça e a velocidade de um atleta, ele age rapidamente, e como não duvida de sua lógica, ele consegue. Você está trazendo sua crença e assertividade competitiva para sua situação? Quão determinado você está para conseguir isso e seguir em frente com sua tomada de decisão rápida e estratégica? Esforce-se pela excelência todos os dias a fim de trazer um pouco de magia para sua vida. Tal como acontece com todas as energias poderosas, você pode correr o risco de ser excessivamente enérgico ou dominador. Tenha cuidado para não machucar os outros com sua impaciência para ganhar. Se você estiver se sentindo disperso, distraído, ou bloqueado, gaste tempo organizando seus pensamentos e certifique-se de que toda a sua energia esteja indo na mesma direção.

Eu me movo rapidamente para ajudar os outros e com isso expando meus sonhos.

RAINHA DE ESPADAS

VIDÊNCIA DE LUZ: um líder de pensamento, uma tomada de decisão imparcial, um excelente comunicador, conselho sábio e lógico, integridade e honestidade, ser perceptivo, inteligência, ser direto, buscar a verdade

VIDÊNCIA DE SOMBRA: vender o próprio peixe, esforçar-se para usar as palavras com sabedoria e abster-se de ser "malvado" ou "emotivo", indiferença, uma mensagem para usar mais sua cabeça e menos seu coração, insensibilidade, amargura

Altamente astuta, intelectual e honesta, esta Rainha observa calmamente seu reino. Graciosa e lógica, sua sabedoria está estruturada na verdade e nas evidências. Ela evita fofoca ou boatos que outros possam querer ouvir e pede que você seja honesto em seus relacionamentos, direto em seu discurso e espirituoso se assim desejar, mas acima de tudo que trabalhe seu raciocínio lúcido e imparcial. Às vezes, este estilo de comunicação pode parecer frio ou cortante, então, se você estiver tendo problemas para comunicar algo que é difícil para a outra pessoa ouvir, saiba que sempre poderá mergulhar seu dedo do pé na Taça da empatia e da compaixão para ajudar em sua questão. Análise precisa e consideração cuidadosa são sempre movimentos inteligentes por serem capazes de se conectar claramente com outras pessoas de uma forma que seja facilmente aceita e compreendida. Uma mente e um coração claro permitirão que você fale a sua verdade, sempre.

Eu falo com
sabedoria e clareza.

REI DE ESPADAS

VIDÊNCIA DE LUZ: inteligência, lógica, regras e leis, pensamento claro, um forte comunicador e líder, verdade e prova, busca mental e espiritual, bravura e coragem

VIDÊNCIA DE SOMBRA: manipulação e vaidade, exibição da própria inteligência, pode indicar rigidez de pensamento, tendências ao controle excessivo, irracionalidade, ser frio e calculista

Inteligente e diplomático, este Rei lidera com fatos, fundamentos, princípios científicos e a mente lógica. Ele tem uma afinidade por regras e pensamentos e sugere encontrar clareza imparcial antes de dar o próximo passo. Mesmo que sempre busque dados e provas, ele também sabe que combinar experiência com inventividade, ou inteligência com energias emocionais e espirituais, permite um sucesso completo. Seja corajoso na busca de seu caminho e encontre sua própria autoridade metódica e confiante conhecendo o caminho ao invés de apenas senti-lo. Na sombra, esta carta pode sugerir usar o conhecimento para tirar vantagem dos outros. Com comunicação verdadeira, é hora de ajudar os outros de forma honesta em vez de manipulativa. Encontre sabedoria em sua experiência e procure se tornar o engenheiro de sucesso de sua vida. Com confiança e pensamento claro, você encontrará seu sucesso.

Eu tomo decisões inteligentes e sábias sobre o meu futuro.

Conheça também...

www.isiseditora.com.br

Conheça também...

www.isiseditora.com.br

as coisas parecem muito emocionantes, cruas, e possíveis, não é? Segure-se nesses sentimentos de otimismo e sucesso, pois o novo começo que você está dando boas-vindas à sua vida agora tem um potencial incrível para prosperar. Seu Às inicia uma linha do tempo onde sua futura riqueza, saúde e abundância material são introduzidas. Ao descobrir suas condições de solo, seu cronograma de irrigação, e as necessidades desta semente única, você será capaz de ver isso até o fim. Traga sua determinação e dedicação e veja sua abundância ganhar vida na forma de resultados bem-sucedidos, vitórias financeiras e materiais, e bem-estar. Com esta mensagem maravilhosa para que as coisas boas venham, é hora de visualizar, atrair, priorizar e agir.

Eu estabeleço meus objetivos com intenção, foco e fé.

2
DE PENTÁCULOS

VIDÊNCIA DE LUZ: necessidade de equilíbrio em muitos aspectos de si mesmo, gerenciar obrigações, equilíbrio, buscar harmonia

VIDÊNCIA DE SOMBRA: estar desequilibrado, desarmonia, comprometer-se com muitas coisas, necessidade de priorizar, um tempo para desacelerar

Com todas essas funções e responsabilidades que tem administrado, você pode estar se sentindo um pouco desequilibrado. Você anda muito ocupado? Talvez sua agenda esteja totalmente lotada, e você esteja sentindo o estresse de ser puxado para várias direções. Você pode estar sentindo a necessidade de equilibrar melhor dualidades ou aspectos opostos de sua vida (seu tempo sozinho vs. seu tempo com os outros, ou sua vida material vs. espiritual, etc.). Certifique-se de que você não está investindo muitos recursos em uma área em detrimento de outra, especialmente quando ambas forem igualmente importantes. Embora esta carta sugira que você provavelmente é capaz de gerenciar tudo, você precisa fazer tanto malabarismo? Coloque um pouco de sua energia preciosa para criar um equilíbrio que você absolutamente ame, aquele que permitirá um tempo para trabalhar, brincar, amar e criar. Este equilíbrio não tirará suas reservas de energia, mas, sim, aumentá-las.

Eu crio um equilíbrio em minha vida que me permite ser minha melhor versão.

3
DE PENTÁCULOS

VIDÊNCIA DE LUZ: cooperação, comunidade, ensino e aprendizagem, saber ouvir, trabalho em equipe, não há limites para o que você pode manifestar em grupo

VIDÊNCIA DE SOMBRA: dificuldade em trabalhar com os outros, necessidade de ouvir, egoísmo, forçar seus valores aos outros, não confiar na habilidade de seu parceiro, briga de egos

Trabalhar com outras pessoas nos oferece a oportunidade de aprender uns com os outros e misturar energias para criar algo totalmente novo. Procure por colaboradores conscientes, como mentores, aprendizes ou ambos! Cocriar juntos para o bem de todos é uma magia poderosa, e esta carta de trabalho em equipe e senso de comunidade chama você para adicionar sua essência única ao cenário. Lembre-se de que seus relacionamentos são a base de seu bem-estar e, se você estiver tendo problemas com os outros, procure alinhar metas para cultivar a paz. Relacionamentos mutuamente benéficos dão igual importância à sabedoria e à maneira de ser no mundo de cada um, independentemente da hierarquia relacional. Todo mundo tem algo único e encantador para acrescentar. Quando os caminhos da vida estiverem entrelaçados, esforce-se para criar estados harmônicos enquanto tece seu caminho dentro e fora dos dias dos outros. Receba pessoas em seu coração e abra as portas com possibilidades que não existiam antes.

Eu entro na vibração da colaboração consciente.

4
DE PENTÁCULOS

VIDÊNCIA DE LUZ: estabilidade, economia, sucesso, generosidade, aceitação de seu valor, estar em sintonia com o Universo, sentimentos de gratidão, ajudar os outros em tempos de necessidade

VIDÊNCIA DE SOMBRA: acumulação, cobiça, mentalidade fraca, colocar muito valor em dinheiro, necessidade de ser mais caridoso

Você está construindo sua vida moeda por moeda e atingiu um momento de estabilidade. Chegar aqui significa um intervalo em que você pode descansar, reavaliar e fazer um balanço. Provavelmente, você está sendo lembrado de verificar esses recursos e economizar algum dinheiro para um dia chuvoso. Como você sente sobre suas finanças? Continue em direção ao seu objetivo sem se concentrar demais em suas posses e deixe de lado qualquer ciúme derivado da posição de outra pessoa. Sentimentos negativos em relação à abundância irão gerar bloqueios de energia grandes o suficiente para conter até mesmo a mais mágica das trajetórias! Quanto mais você tentar segurar as coisas, mais você irá bloquear o fluxo de riqueza e felicidade em sua vida. Se uma mentalidade de escassez estiver assombrando suas ações, pergunte-se se você não está tripudiando os outros com base em quanto dinheiro eles têm. Economize ativamente e dê ao mundo. Concentre-se em se sentir animado e expansivo.

Eu vivo uma vida abundante e tenho mais do que preciso.

5
DE PENTÁCULOS

VIDÊNCIA DE LUZ: dificuldades financeiras ou problemas de saúde, sentir-se deixado de fora ou condenado ao ostracismo, preocupar-se com a sua segurança, uma chance de liberar energia estagnada

VIDÊNCIA DE SOMBRA: mentalidade de escassez, sentimento de desamparo, vitimização, incapacidade de seguir em frente, medo e isolamento, resistência à positividade, sentimentos de baixa autoestima que afastam você da prosperidade, uma luz no fim do túnel

É hora de abordar diretamente qualquer sentimento sobre segurança e proteção que têm abalado seu bem-estar. Você está estressado com suas finanças ou saúde, ou sente-se excluído da prosperidade que outros parecem desfrutar? Para neutralizar estes estados energéticos corrosivos, você está sendo compelido a recuperar seu poder pessoal. Encontre sua fome de positividade feroz, e busque oportunidades em sua situação atual. Elas estão escondidas nas sombras. Se você ficar estagnado por um minuto, pergunte a si mesmo se você está focado nas coisas que faltam em sua vida. E se medo, autopiedade ou desamparo tentarem ditar sua realidade, inverta o roteiro e lembre-se que contra todas as probabilidades, toda opressão, todas barreiras de classe, e tudo mais... há sempre a escolha de ir além de suas limitações atuais. Faça o melhor de sua vida luminosa, pois você não está bloqueado daquilo que deseja. Veja as chaves que irão ajudá-lo a chegar lá e escolha abrir a porta.

> Portas que ativam oportunidades mágicas estão sempre se abrindo para mim.

6
DE PENTÁCULOS

VIDÊNCIA DE LUZ: abundância nos dois sentidos (dar e receber), ser caridoso, mentalidade positiva e generosa, avanços, despertar, afluência, ajuda vinda de outros

VIDÊNCIA DE SOMBRA: fluxo unilateral de abundância (ou dar ou receber), acumular e segurar o que você tem, escolher não ajudar, ser pouco caridoso, egoísmo, motivos ocultos, incapacidade de aceitar ajuda

    Estar aberto para dar e receber são estados que nós todos devemos cultivar. Esta carta pede que você experimente isso conscientemente. Como ajudar os outros vai fazer você se sentir? Você se sente bem, certo? Abundante? Centrado no coração? Presentear alguém com seu tempo, dinheiro ou energia irá abrir as comportas de novos recursos vindo em sua direção. Seja generoso com tudo que você aprendeu, e permaneça consciente do fluxo de abundância do Universo. Considere estas dualidades sagradas: aprendizagem e ensino; dar e receber; aceitar e oferecer. Abra seu coração a este equilíbrio sagrado de energia e preencha quaisquer lacunas que você tenha em torno da escassez e da abundância. Isso vai impregnar sua vida com compaixão e generosidade e inaugurar novos estados de prosperidade. Doar seus recursos energéticos para ajudar os outros trará uma mudança de vida para os necessitados. Escolha uma causa que mova sua alma, e observe seus sentimentos de prosperidade mudarem.

Eu mostro gratidão pela minha vida através de generosidade e compaixão.

7
DE PENTÁCULOS

VIDÊNCIA DE LUZ: uma pausa, estados de gratidão, refletir sobre sua jornada, esperando para colher os frutos de seu trabalho, um sinal para continuar

VIDÊNCIA DE SOMBRA: desistir cedo demais, impaciência, perder a fé, não seguir em frente, frustração com recompensas

Você está quase lá! Você fez o seu trabalho e as raízes de seu grande sucesso estão crescendo. Você pode não conseguir enxergar os frutos do seu trabalho ainda, mas saiba que eles existem, e que qualquer falta que você esteja sentindo é simplesmente energia residual que está sendo trabalhada. É hora de cair na fé, e fazer uma pausa para agradecer. Perceba que você é o resultado de todas as suas memórias, esperanças e trabalho duro. Continue assim. Este momento dá a você um interlúdio divino para revisitar o seu propósito e direção. Sua chegada somente será possível se você identificar um destino. Sua jornada mudou tanto que o que você germinou originalmente não é o que você deseja colher? O que precisa mudar para satisfazer suas mais profundas intenções? Se você estiver sentindo alguma frustração ou falta de progresso, lembre-se de que sonhos gigantes não são construídos em um dia! Tire um tempo para respirar e refletir enquanto estas profundas respirações sagradas o revigoram e realinham.

Enquanto eu agradeço pelo que estou prestes a colher, sei que minha vida está indo na direção certa.

8
DE PENTÁCULOS

VIDÊNCIA DE LUZ: dominar uma habilidade, um especialista, uma habilidade, o meraki que você coloca em seu trabalho, progresso metódico, paciência e determinação, propósito da alma

VIDÊNCIA DE SOMBRA: buscar atalhos em benefício próprio, esgotamento ou desistência, saída esporádica, inexperiência

Paciência e determinação são as melhores maneiras de garantir seu sucesso. Dominar essa habilidade leva tempo e perseverança, e os atalhos não são o melhor caminho à medida que você constrói sua experiência. Permaneça dedicado à excelência e ao desenvolvimento de sua forma única. Estude, pratique, melhore e prospere. Coloque seu meraki (seu amor, sua alma e sua essência energética) em seu trabalho e traga-o para uma forma consistente e metódica. Aperfeiçoe o seu artesanato e imbua alegria nas coisas repetitivas que você começar a fazer. Encontre fluidez nos detalhes, não importa a que você se dedique. Se você sentir que é hora de seguir em frente em direção a algo mais inspirador, encontre seu plano e ponha-o em prática. Ação consistente é necessária, pois muitas vezes nos sentimos bloqueados logo antes de expandirmos em novos níveis. É normal ser imperfeito conforme se aprende. Enquanto você se aperfeiçoa, encontre alegria no processo para ajudá-lo chegar lá.

Com determinação amorosa, eu persevero e me torno a pessoa que desejo ser.

9
DE PENTÁCULOS

VIDÊNCIA DE LUZ: satisfação espiritual e material, realização pessoal, paz interior, marcos alcançados e celebrados, a energia de uma colheita de sucesso, contentamento

VIDÊNCIA DE SOMBRA: necessidade de avaliar sua relação com o trabalho, pode indicar sucesso material em meio à solidão, um viciado em trabalho, a percepção de que o dinheiro sozinho nunca será o suficiente, atrasos financeiros, a pressão para parecer mais bem-sucedido do que realmente é

Sabe aqueles momentos quando tudo parece um pouco mais claro? Você alcançará um desses momentos, de culminação de trabalho árduo e desejo, quando você adentrar suas esperanças manifestadas. Esses momentos de espiritualidade e bem-aventurança material são altamente pessoais e servem como funis de sucesso reluzente. Procure por esse sentimento quando ele surgir em seu coração, e use seu poder para mover montanhas, espalhar o amor e aproveitar sua colheita. Vá em frente e sinta o calor do sol, você merece! Ficar algum tempo sozinho irá ajudá-lo a processar seu progresso. Então comemore! Na sombra, esta carta sugere que você possa estar trabalhando muito e tendo pouco retorno. Examine seus sentimentos de autoestima e observe o equilíbrio de sua energia dentro e fora. As recompensas devem sempre equivaler à sua energia despendida e se você sentir um desequilíbrio, então é hora de compensar. A harmonia e a colheita que você busca estão na sua frente agora.

Eu aprecio a felicidade
e abundância que
eu semeei.

10
DE PENTÁCULOS

VIDÊNCIA DE LUZ: abundância espiritual e material, comunidade, generosidade, riqueza e prosperidade, construção de um legado

VIDÊNCIA DE SOMBRA: buscar luxo e status, perda financeira, energia negativa em torno da riqueza

Oh baby, isto é grande! Todo o amor, a abundância e a alegria que você pode reunir em seu coração estão vindo em sua direção, e rápido! É hora de se preparar para sua inevitável chegada e se comprometer com seu sucesso a longo prazo. Na verdade, esta energia é tão grande que você deve se preparar para espalhar um pouco dela generosamente. Traga a abundância da energia positiva em sua vida e observe tudo mudar. Espere a chegada de sucesso, felicidade, e uma comunidade alegre e amorosa conforme as avenidas se alargam e as conexões certas aparecem. Lembre-se de que as percepções mudam. Você está a um pequeno movimento ver a situação como um todo e desenterrar um legado de Pentáculos que já é seu. Você merece este sucesso e amor. Prove os prazeres da vida e incorpore um estado de consciência que diz sim, eu mereço todo esse sucesso.

Eu sou bem-sucedido e compartilho minha riqueza com aqueles que eu amo.

PAJEM DE PENTÁCULOS

VIDÊNCIA DE LUZ: novas oportunidades, começos, boas notícias, ambições, habilidades e treinamento, oportunidades financeiras, novas oportunidades de carreira, novas conexões, testes vocacionais, um iniciante, magia da terra, tornar os planos uma realidade

VIDÊNCIA DE SOMBRA: ser evasivo, falta de progresso, aprender com erros passados, procrastinação, não fazer planos

Ela segura sua mandala com um coração curioso e se enraíza na rocha para começar a compreender a essência manifestada que todos temos (lembra-se de quando você pensou que poderia ser um astronauta? Vá e aterre essa energia antes que ela se dissipe!). Nós ativamos magia na prática com nossas esperanças, e puxamos a energia da terra para dar-lhe forma. O progresso acontece uma fase da vida de cada vez, e você deve se ancorar nos detalhes enquanto simultaneamente mantém sua cabeça nas nuvens para sonhar. Pode haver peças que ainda precisem se alinhar, mas isso não significa que elas não irão chegar! Você está no lugar perfeito para descobrir como tornar sua prosperidade uma realidade. Busque confiança e confiabilidade, e lembre-se de que você tem este poder, não importa onde você esteja hoje. Novas perspectivas e atualizações de consciência estão a caminho, então use seus planos para o futuro e agilize sua chegada.

Eu posso ser prático e realista e ainda me antecipar para realizar meus sonhos!

CAVALEIRO DE PENTÁCULOS

VIDÊNCIA DE LUZ: diligência e trabalho duro, determinação, firmeza, construir segurança material, segurança, ser pragmático, expansão

VIDÊNCIA DE SOMBRA: focar exclusivamente em riqueza, tendência a vício em trabalho, ser egoísta ou frio, preguiça, pegar atalhos prejudiciais, estagnação ou sensação de bloqueio, ser excessivamente convencional

Ele está trabalhando e cultivando suas terras, aproveitando cada minuto. Mais prático do que os outros Cavaleiros, ele melhora as coisas para si mesmo (e para aqueles que ama) com sua firmeza e ímpeto consistentes. Devotado para solidificar as bases, ele garante a você que aquele cuidado extra hoje irá multiplicar sua colheita amanhã. É hora de mostrar feroz lealdade, orgulho e confiabilidade, e cuidar de sua casa enquanto revela suas ambições inabaláveis para o futuro! Às vezes esta energia é tão estável que parece repetitiva. Se você estiver sentindo resistência ou se preferir ficar na cama, encontre a alegria em seu progresso. A viagem é o que importa. Descubra o entusiasmo comovente permitindo-se acreditar em algo mais brilhante. Esta é uma carta de infinita expansão, e com tempo e fé, suas sementes irão germinar. Siga seus planos e promessas, e mova qualquer energia estagnada que estiver impedindo seus sonhos.

Semente por semente, eu planto meu futuro com meus fundamentos da fé.

RAINHA DE PENTÁCULOS

VIDÊNCIA DE LUZ: um curador, um pai trabalhador, uma pessoa autônoma, riqueza material e abundância, força na família e na comunidade, um coração gentil e provedor, firmeza, ser pé no chão, generosidade

VIDÊNCIA DE SOMBRA: estresse financeiro, egocentrismo, sufocar os outros, pais-helicópteros, excesso de indulgência, desequilíbrios entre lar e trabalho, materialismo

Esta Rainha autossuficiente lembra você de entrar em abundância deslocando quaisquer sombras que você esteja se apegando relacionadas à riqueza e segurança. Você está seguro. Preste atenção em suas finanças para aumentar seus ganhos, e dê a si mesmo permissão para subir de escalão. Esta é uma mensagem positiva de conforto e felicidade da criatura, e esta medicina terrena introduz uma vida bem vivida no mundo material. Conecte-se com a natureza para encontrar sua calma, cura e poder enraizado, e aproveite a abundância que está disponível para você, trazendo firmeza para sua situação. Regue os outros com bênçãos calorosas de um coração caridoso, e lealdade, família, e comunidade são temas neste momento. Sua abordagem provedora e prática oferecerá estabilidade e apoio àqueles presentes em sua vida. Não exagere na sua energia e evite ser excessivamente maternal com os outros. Eles devem aprender a andar por conta própria. Traga sua autoestima e orientação e seu amor glorioso e poderoso.

Eu gosto da minha vida profundamente conectada e eu a conduzo com entusiasmo, abundância e amor.

REI DE PENTÁCULOS

VIDÊNCIA DE LUZ: abundância material transbordando, paciência e determinação, um líder confiante e caloroso, prover para os outros, conforto e segurança, crescimento pessoal, objetivos alcançados, prosperidade e sucesso

VIDÊNCIA DE SOMBRA: obsessão por riquezas, buscar status, ganância, necessidade de equilibrar o material com o espiritual

Exalando entusiasmo, o Rei de Pentáculos lhe dá as boas-vindas com uma conversa sincera sobre a vida. Ele já trabalhou em suas áreas, conheceu sua alma gêmea, encontrou riqueza, e agora ele olha para o seu sonho manifestado enquanto lhe oferece uma das mensagens mais poderosas do tarô sobre abundância e prosperidade futuras. A coisa mais importante a ser feita, doce vidente, é apreciar tudo. Aproveite cada lição, desafio, fracasso e sucesso. Ele o lembra de deixar claro onde você quer estar, planejando e imaginando. Há poder manifestando do anseio e muita alegria expansiva quando você traz seu maior potencial à tona. Felicidade acontece quando você faz melhor hoje do que da última vez, e a busca por crescimento pessoal lhe permite a extravagância do desejo. O resto é consequência de fé, hábitos estáveis e coragem para cultivar sonhos enormes. Sonhe a sua maior luz para a vida.

Eu sonho com a existência do meu potencial infinito com esforço e desejo constante.

SOBRE CHRIS-ANNE

Obrigada por ter curiosidade em conhecer um pouco sobre meu mundo!

Sou designer, estrategista de marca e amante de tarô e de pensamentos mágicos. Fui colocada exatamente na área que mais me faz feliz quando comecei a trabalhar com a minha paixão, que é o design, a magia, e a taromancia, neste projeto épico de tarô.

Quando não estou criando baralhos, estou ajudando empreendedores a construírem seus negócios por meio de intuição, estratégia e magia, abrindo e fechando espaços sagrados ou passando algum tempo ao ar livre com meu marido, Alejandro, e com nosso cachorrinho da raça Aussiedor, Júpiter.

AGRADECIMENTOS

Agradeço imensamente ao meu marido, Alejandro. Gracias por seu apoio e por viver dentro deste baralho comigo nos últimos dois anos. Eu te amo, amor!

À minha querida amiga Sue, que viajou pelos reinos de luz e sombra com tamanha graça, tenacidade e amor. Obrigada por compartilhar sua orientação comigo durante todo este processo de criação.

Gracias à Valentina Abusabbah-Valladares, mi diseñadora, colega e amiga. Eu não poderia ter feito isso sem você!

À Becca, minha alma gêmea de negócios e meu espelho sagrado durante este projeto. Obrigada por me ouvir!

À minha mãe e ao meu pai. O amor de vocês brilha. Obrigada por acreditarem em mim.

À Janet e ao Craig Williams, que trouxeram efervescência (e diversão!) para este projeto desde a primeira carta. Eu amo vocês dois.

Amor colossal para o Kickstarter e para as comunidades do Instagram por acreditarem neste projeto.

E, CLARO, à Allison Janice, da Hay House. Obrigada por me receber, por me fazer sentir tão realizada (e pelas habilidades de edição sensacionais. Nós precisávamos disso). Sinto como se você tivesse me ajudado em meu primeiro dia na escola.

Amor gigante!